田舎の無名高校から東大、京大にバンバン合格した話

西大和学園の奇跡

田野瀬良太郎
西大和学園会長

主婦の友社

はじめに

「開校当初は田舎の無名校。大半が公立高校の教員採用試験に落ちた教師と、公立高校の受験に失敗した生徒たち。平凡なすべり止め高校だったんですよ」

私が思い出話をすると、たいがいの方は目を丸くします。

「西大和って、進学校のあの西大和学園ですか？」

「きっと大げさに言っているんでしょう？　だって、あの西大和がそんなにわかには信じていただけません。こうした方々の言う「あの西大和」の「あの」とは、現在の西大和学園中学校・高等学校に対する評価、特に大学への進学実績や中学・高校入試の偏差値を、おそらく指しているのでしょう。

東大、京大の合格者数がすべてではありませんが、ひとつのバロメーターとして2013年の関西圏における両大学合格者数ランキングは、次の通りでした。

〈２０１３年　東京大学・京都大学合格者数（現浪総合・西日本）〉

１位	灘（兵庫・創立86年）	１４６名
２位	西大和学園（奈良・同28年）	１１１名
３位	洛南（京都・同52年）	１０５名
４位	東大寺学園（奈良・同88年）	94名
５位	大阪星光（大阪・同64年）	71名
６位	北野（大阪・同１４１年）	68名
６位	大阪桐蔭（大阪・同25年）	68名
８位	洛星（京都・同62年）	64名
９位	甲陽学院（兵庫・同96年）	62名
10位	天王寺（大阪・同１１７年）	58名

（進学情報誌、週刊誌等をもとに西大和学園が独自に作成）

全国ランキングでは1位に開成（東京・創立１４２年）、２位に灘（兵庫・同86年）が入ってきて、西大和学園は全国3位。他の超名門校には全国的な知名度こそまだ及びませんが、ここ10年は全国トップ5を争う位置をキープしています。

さて、ここで奈良県の教育事情、進学事情について少しご説明しておきましょう。

文部科学省の行う学習状況調査では、小中学生が学習塾に通う割合についても統計を取っていますが、奈良県は長年にわたり全国トップレベルの通塾率となっています。また、2014年の入試結果に関しては、各都道府県の高校の卒業者数に占める東大・京大の現役合格者数の割合において、奈良県が1位というデータが教育関連のニュースを賑わせるなど、その高い進学実績でも注目されています。こうした数々のデータから、奈良県は全国の都道府県のなかでも特に「教育熱心な県」というイメージが定着しています。

奈良県は全県1学区制入試、つまり住んでいる地域にかかわらず、県内の公立高校ならどこでも受験できる制度を実施しています。

成績優秀な生徒は奈良、畝傍《うねび》、郡山《こおりやま》といった県立の進学校を受験するか、西大和学園、東大寺学園を筆頭に、奈良学園、帝塚山《てづかやま》、智弁学園など奈良県内にある中高一貫の私立進学校を選ぶ。さらに関西圏には、大阪に大阪星光、京都に洛南、洛星、兵庫に灘、甲陽学院と超難関を含め私立進学校がひしめいている通学圏という事情もあって、奈良県は中学受験、高校受験への関心度は実は昔からひじょうに高かったのです。

先ほどのランキングでも分かるように、関西圏で進学校と呼ばれているほとんどの学校は創立50年、なかには100年を超える名門校も少なくありません。

そのなかで、西大和学園はとても〝若い学校〟です。

おかげさまで、関西圏では、すでに進学校としてある程度、認知していただけるようになりました。ですが、全国での知名度はまだまだありません。東京で仕事をしていると、「灘や東大寺は知っているけど、西大和なんて聞いたことないです」という方ばかり。現に、この本の担当編集者さんも、私に会うまでは西大和学園のことを知らなかったそうです。

まだまだ全国区に知名度がない理由、それは、西大和学園の成長があまりにも急速であったためだと思います。

この急成長ぶりは「異例中の異例」とも「奇跡」とも言われ、なかには「表には出せない〝マジック〟でも使ったのだろう」といぶかる声も上がったほどです。いわく

「進学塾から優秀な生徒を強引な方法で迎え入れたのではないか」

「名門進学校から、受験のスペシャリストのような教員を引き抜いたのではないか」

とてもそんな知恵はありませんでした。

なかには、こんな残念な噂もありました。

「田野瀬は政治家だから、一般の庶民には知りえない〝奥の手〟を使って、数字の操作をしたのだろう」

たしかに、開校当時は奈良県の県議会議員という肩書を持ち、1993年に初当選してからは衆議院議員として国政に長く携わってきました。でも、学校経営者と政治家という立場はつねに切り離して考えていましたし、むしろ「政治家だから何がしかの恩恵にあずかっている」といった誤解を与えないよう、神経質なまでに線引きをしていました。

公立中堅校のすべり止めからスタートした西大和学園が、なぜここまで右肩上がり

で進学実績を伸ばしていけたのか？

そこに「奇跡」や「マジック」は果たしてあったのか？

その答えをみなさんに見つけていただくべく、時計の針を開校初年度の1986年まで巻き戻してみたいと思います。

2015年1月

西大和学園会長
田野瀬良太郎

ベスト20　現浪総合（全国）

週刊サンデー毎日の記事より作成しました。2014.4.8現在

2000年度		2001年度		2002年度		2003年度		2004年度	
開成	175	開成	180	開成	172	開成	190	開成	182
洛南	165	洛南	161	洛南	150	洛南	146	洛南	139
灘	154	灘	140	灘	134	灘	143	灘	133
洛星	119	東大寺	103	洛星	116	東大寺	126	東大寺	124
東大寺	113	甲陽学院	101	麻生	105	麻生	122	東京学芸	101
筑波大駒場	100	筑波大駒場	100	東京学芸	100	筑波大駒場	114	西大和	101
麻布	99	洛星	100	甲陽学院	98	西大和	91	洛星	94
東京学芸	92	麻生	99	東大寺	93	洛星	87	甲陽学院	85
ラ・サール	92	ラ・サール	96	西大和	90	甲陽学院	85	桜蔭	83
甲陽学院	83	西大和	94	ラ・サール	87	栄光学園	83	筑波大駒場	81
大阪星光	78	東京学芸	80	筑波大駒場	81	東京学芸	80	麻生	78
桜蔭	75	駒場東邦	74	桜蔭	81	桜蔭	74	大阪星光	75
海城	67	桜蔭	70	大阪星光	73	智辯和歌山	74	駒場東邦	64
西大和	67	海城	69	駒場東邦	71	大阪星光	72	旭丘	57
桐蔭学園	65	大阪星光	69	巣鴨	70	旭丘	62	白陵	56
智辯和歌山	60	巣鴨	67	智辯和歌山	67	ラ・サール	62	膳所	54
旭丘	57	旭丘	60	海城	59	武蔵（私立）	57	巣鴨	52
高槻	57	桐蔭学園	54	東海	59	駒場東邦	56	栄光学園	52
白陵	56	栄光学園	53	桐蔭学園	57	海城	55	ラ・サール	52
巣鴨	55	東海	52	旭丘	52	東海	54	桐朋	48
		智辯和歌山	52	白陵	52			東海	48
				久留米大付	52				

2010年度		2011年度		2012年度		2013年度		2014年度	
開成	170	開成	175	開成	210	開成	176	開成	162
灘	138	灘	144	灘	132	灘	146	灘	134
東大寺	108	洛南	113	東大寺	112	西大和	111	筑波大駒場	106
西大和	105	西大和	110	麻布	110	筑波大駒場	106	洛南	103
筑波大駒場	101	東大寺	108	洛南	102	洛南	105	西大和	96
甲陽学院	100	筑波大駒場	106	甲陽学院	92	東大寺	94	麻布	95
洛南	99	甲陽学院	87	筑波大駒場	84	麻布	92	東大寺	89
麻布	98	麻布	85	西大和	82	東京学芸	75	駒場東邦	82
聖光学院	69	桜蔭	78	駒場東邦	77	大阪星光	71	聖光学院	80
桜蔭	67	洛星	75	大阪星光	73	渋谷幕張	70	北野	79
駒場東邦	66	栄光学園	70	栄光学園	71	桜蔭	69	大阪星光	79
旭丘	65	東京学芸	68	聖光学院	68	北野	68	甲陽学院	78
栄光学園	59	駒場東邦	68	堀川	66	大阪桐蔭	68	洛星	76
洛星	59	聖光学院	64	旭丘	65	聖光学院	67	栄光学園	71
東海	58	膳所	64	桜蔭	61	旭丘	65	桜蔭	70
東京学芸	57	大阪星光	64	洛星	61	洛星	64	東京学芸	61
岡崎	55	天王寺	62	東京学芸	60	駒場東邦	62	東海	61
渋谷幕張	54	岡崎	58	海城	59	甲陽学院	62	堀川	55
堀川	54	北野	54	北野	58	栄光学園	59	旭丘	54
海城	53	旭丘	50	膳所	56	天王寺	58	膳所	53
大阪星光	53			久留米大付	52				

東大・京大　高校別合格者数

1995年度		1996年度		1997年度		1998年度		1999年度	
洛南	198	洛南	195	開成	203	開成	218	開成	175
開成	180	開成	168	洛南	182	洛南	153	洛南	175
灘	142	灘	153	灘	133	灘	128	灘	149
東大寺	130	洛星	130	東京学芸	119	東大寺	122	東大寺	123
桐蔭学園	118	麻布	115	洛星	119	洛星	118	麻生	114
洛星	118	筑波大駒場	110	東大寺	113	麻布	110	東京学芸	109
東京学芸	117	東大寺	110	桐蔭学園	110	桐蔭学園	110	筑波大駒場	106
麻布	112	甲陽学院	101	麻布	109	ラ・サール	99	甲陽学院	97
甲陽学院	110	ラ・サール	99	桜蔭	100	甲陽学院	98	洛星	95
筑波大駒場	89	東京学芸	95	甲陽学院	98	東京学芸	84	ラ・サール	86
栄光学園	78	桜蔭	95	筑波大駒場	93	大阪星光	84	大阪星光	84
ラ・サール	78	桐蔭学園	94	ラ・サール	77	筑波大駒場	82	武蔵（私立）	72
桜蔭	76	大阪星光	83	巣鴨	70	北野	77	桐蔭学園	68
海城	72	武蔵（私立）	70	武蔵（私立）	62	旭丘	73	桜蔭	65
千葉（県立）	70	栄光学園	70	北野	62	駒場東邦	64	清風南海	64
巣鴨	69	北野	66	駒場東邦	61	栄光学園	64	西大和	63
旭丘	67	巣鴨	60	大阪星光	61	桜蔭	63	旭丘	60
武蔵（私立）	62	智辯和歌山	60	愛光	61	海城	62	東海	60
桐朋	61	海城	59	旭丘	57	西大和	60	栄光学園	59
白陵	61	駒場東邦	58	海城	55	東海	58	久留米大付	59

2005年度		2006年度		2007年度		2008年度		2009年度	
開成	180	開成	147	開成	202	開成	192	開成	144
洛南	158	灘	131	灘	133	灘	137	灘	140
灘	155	洛南	129	洛南	117	東大寺	126	洛南	134
西大和	115	西大和	122	東大寺	110	洛南	116	東大寺	110
東大寺	113	東大寺	113	麻生	103	西大和	109	筑波大駒場	107
筑波大駒場	111	甲陽学院	108	西大和	89	甲陽学院	97	西大和	92
麻布	95	麻布	103	筑波大駒場	86	麻布	85	麻布	85
東京学芸	94	筑波大駒場	90	大阪星光	84	東京学芸	84	東京学芸	80
甲陽学院	89	東京学芸	85	甲陽学院	81	筑波大駒場	78	甲陽学院	79
洛星	80	桜蔭	75	東京学芸	77	洛星	68	桜蔭	72
駒場東邦	77	栄光学園	75	洛星	77	大阪星光	68	洛星	71
大阪星光	69	大阪星光	74	桜蔭	71	桜蔭	60	ラ・サール	63
桜蔭	68	洛星	70	ラ・サール	57	東海	56	栄光学園	62
海城	64	清風南海	62	海城	53	北野	56	北野	60
東海	60	広島学院	60	聖光学院	51	堀川	53	岡崎	59
栄光学園	59	ラ・サール	60	智辯和歌山	51	海城	52	堀川	54
智辯和歌山	57	海城	57	旭丘	50	奈良	52	天王寺	54
ラ・サール	57	岡崎	56	岡崎	48	岡崎	50	大阪星光	54
聖光学院	54	駒場東邦	52	久留米大付	48	広島学院	49	聖光学院	52
膳所	53	東海	51	膳所	47	時習館	48	膳所	52
				奈良	47				

西大和学園高等学校　平成26年度大学入試合格者数

■国公立

大学名	合格者	内現役
北海道	7	1
東北	1 (1)	
山形	2 (2)	
東京	22	17
東京外国語	1	1
東京農工	1	1
一橋	2	2
横浜国立	3	2
富山	1 (1)	
金沢	1	
福井	2 (1)	1 (1)
山梨	2 (1)	
信州	1	
静岡	1	
名古屋	2	1
三重	1 (1)	1 (1)
滋賀医科	1 (1)	
京都	74 (6)	41 (2)
京都工芸繊維	7	1
大阪	16 (1)	7 (1)
大阪教育	4	4
神戸	17 (3)	12 (2)
奈良教育	1	1
奈良女子	1	1
和歌山	4	1
鳥取	1 (1)	1 (1)
島根	3 (2)	1 (1)
広島	1	
山口	1	1
香川	2 (2)	1 (1)
高知	1 (1)	
宮崎	1 (1)	1 (1)
国際教養	2	
名古屋市立	4 (1)	1 (1)
滋賀県立	1	1
京都府立	1	
京都府立医科	2 (2)	
大阪市立	14 (4	6 (2)
大阪府立	16	7
神戸市外国語	1	1
兵庫県立	1	
奈良県立医科	9 (9)	3 (3)
奈良県立	1	1
和歌山県立医科	2 (2)	1 (1)
合計	239 (43)	121 (18)

■私立

大学名	合格者	内現役
慶應義塾	20 (1)	5
上智	3	
中央	13	4
帝京	2 (2)	1 (1)
東京慈恵会医科	2 (2)	
東京理科	12	
明治	13	
立教	1	
早稲田	23	4
愛知医科	1 (1)	1 (1)
藤田保健衛生	2 (2)	
京都薬科	11	1
同志社	83	13
立命館	93	16
大阪医科	7 (7)	1 (1)
大阪薬科	5	1
関西	40	14
関西医科	3 (3)	1 (1)
近畿	30 (4)	5 (2)
関西学院	21	3
神戸薬科	2	
兵庫医科	5 (5)	1 (1)
産業医科	1 (1)	
上記以外	24	5
合計	417 (28)	76 (7)

■文部科学省所管外

大学校名	合格者	内現役
防衛大学校	1	1
防衛医科大学校	3 (3)	1 (1)
合計	4 (3)	2 (1)

■海外の大学

大学名	合格者	内現役
ハンガリー国立 センメルワイス大学	1 (1)	
合計	1 (1)	

(　)は医学部・医学科の内数。
2014年5月20日現在

【2015 中学受験】SAPIX 偏差値（2014年3月）

■女子 偏差値

70～	
64	桜蔭中学校・高等学校
63	西大和学園中学校・高等学校
63	慶應義塾中等部
62	渋谷教育学園幕張中学校・高等学校 2次
61	渋谷教育学園幕張中学校・高等学校 1次
61	渋谷教育学園渋谷中学高等学校 3回
61	豊島岡女子学園中学校・高等学校 2回
61	豊島岡女子学園中学校・高等学校 3回
61	筑波大学付属中学校・高等学校
60	女子学院中学校・高等学校
60	雙葉中学校・高等学校
60	早稲田実業学校 中等部・高等部
50～59	
59	豊島岡女子学園中学校・高等学校 1回
59	慶應義塾湘南藤沢中・高等部（SFC）
58	千葉県立千葉中学校・高等学校
58	お茶の水女子大学附属中学校・高等学校
57	渋谷教育学園中学高等学校 2回
57	渋谷教育学園中学高等学校 1回
56	浦和明の星女子中学・高等学校 1回
56	横浜共立学園中学校・高等学校 B
56	東京都小石川中等教育学校

■男子 偏差値

70～	
70	筑波大附属駒場中学校・高等学校
60～69	
68	灘中学校・灘高等学校
66	開成中学・高等学校
65	海陽中等教育学校 特別給費生
63	聖光学院中学校・高等学校 2回
63	西大和学園中学校・高等学校
62	聖光学院中学校・高等学校 1回
62	渋谷教育学園幕張中学校・高等学校 2次
61	駒場東邦中学校・高等学校
61	渋谷教育学園幕張中学校・高等学校 1次
61	渋谷教育学園幕張中学高等学校 3回
61	筑波大学附属中学校・高等学校
60	海城中学校・高等学校
60	早稲田中・高等学校 2回
60	麻布学園（麻布中学校・高等学校）
60	栄光学園中学校・高等学校
50～59	
58	慶應義塾湘南藤沢中・高等部（SFC）
58	千葉県立千葉中学校・高等学校
57	海城中学校・海城高等学校 1回
57	攻玉社中学校・高等学校 特別選抜
57	早稲田中・高等学校 1回
57	慶應義塾普通部
57	渋谷教育学園渋谷中学高等学校 2回
56	函館ラ・サール中学校・高等学校 前期
56	芝中学校・芝高等学校 2回
56	浅野中学校・高等学校
56	慶應義塾中等部
56	東京都立小石川中等教育学校

目次

第1章

荒削りな若手教師とやんちゃな生徒たち

✲窓ガラスのない教室で

ダーンッ！

すさまじい音で授業が中断された。職員室にいた先生たちが窓辺に駆け寄り、身を乗り出して地面を覗き込む。

「机ですよ、机！　机が落ちてる」

「また、あいつらか」

何か気に入らないことでもあったのか、それとも仲間同士でふざけ合っているうちに勢い余ったか、生徒が教室の窓から机を放り出したのだ。

「ちょっと行ってきますわ」

椅子の脇に立てかけてあった竹刀を手に取り、体育教師が階段をどしどしと駆け上がっていく。

〝現場〟にたどり着くやいなや、授業中でもおかまいなくドアを乱暴に開け、

「誰や」

絵に描いたようなこわもて体育教師のすごみを効かせた一言に、生徒たちの大騒ぎがピタリと止まる。

「お前か？　ちょっと廊下に出えや」

「先生、すんません。ちょっと手がすべっただけですわ」

「お前、この前もやったろ？　２回も偶然手がすべることあるか！　ケガ人でも出たらどうすんねん！」

怒号が、まだ1期生だけで空き教室の多い、がらんとした校舎に響き渡った。

放課後になっても、職員室の空気はどこか落ちつかない。

「今日こそ何も起こりませんように」

教員たちは心で祈りながら教材研究や部活の準備を粛々と進めるが、その祈りはたいてい一本の電話でかなわぬものとなる。

「嶋田先生、すんません。王寺駅まで急いで行ってもらえますか？　今、駅員さんから電話がありまして、うちの子らが他校の生徒とケンカしてるそうですわ」

「またか。かなわんな」

もめごとが起こり、〝力わざ〟が必要なときは、たいてい体育教師で生活指導部長でもある嶋田先生が駆り出されることになる。

西大和の丘の上にある学校からJR大和路線王寺駅までは、なだらかな坂を下って徒歩20分弱。クルマなら10分とかからない。急ぎクルマを走らせ王寺駅に到着すると、制服同士がまだもみあっている。

「お前ら、ええ加減にせんかい！」

襟首をつかんで強引に引きはがし、押さえつけた頭を駅員に向けて下げさせる。

「えらいご迷惑おかけしました」

「いくら新しい学校いうても、こういう指導は徹底してもらわんと。おたくの学校、そりゃまあエラい〝評判〟になってますよ」

「はい、よく言って聞かせますんで」

平謝りに謝り、生徒を追い立てるようにして駅を出る。

「殴られたんか？　口から血い出てるやないか」

「先生、人数がちゃいますもん。あいつら大勢で卑怯やねん」

「なんや、やられっぱなしか？　尻尾巻いて帰ってくんな！」

✿日本一の学校を目指して

数日後、学校の理事長室。

「そうですか。机と、駅でのケンカですか」

私は校長からの報告を受けていました。

開校から数カ月、こんな報告には慣れっこになり、もう驚くこともありません。

「机を投げたのは、先週のトイレットペーパーの子と一緒ですか？」

「ああ、いましたな。トイレットペーパーを廊下でまき散らしていた子らが。あれとはまた別の生徒ですね」

「ほんなら、以前、教室の窓ガラスを割った子かな？」

「ああ、そうです、そうです。でも、窓ガラスを割ったのはほかにもいますから。それと最近、通学路の工事をしている業者から苦情が来まして。なんでも塗りたてのコンクリートに足あとをつけた奴がいると。たぶん、うちの生徒のイタズラに違いないから、犯人を突き止めてくれと言うてます」

「誰の仕業か分かったんかな?」

「いえ、それがまだ。ケンカなら、おおよその見当はつくんですがね」

「……そうですか」

教員たちの前では平静を装っていたものの、こうした報告を聞くたびに、私は心のなかでいつもつぶやいていました。

「こんなはずではなかった……」


40歳で「地元・奈良県に高校をつくろう」と思い立ち、3年間、準備を進めてきたなかで、私の頭のなかでは理想の高校がはっきりと形づくられていました。その理想とは、一言で表すなら「日本一の高校」です。

漠然としていますが、少なくとも生徒が教室の窓から机を放り投げたり、ケンカ三昧で近隣にご迷惑をかけたりするような学校でなかったことはたしかです。だからこそ、「こんなはずではなかった」のです。

「日本一の高校」という理想には、もちろん「進学校としてもトップクラスを目指したい」という思いも当初から込めていました。

実際、1期生を募集するときに関係者に配布した学校案内には、建学の趣意や本校教育の特色として、こんな一文を盛り込んでいます。

•本校は第一に、生徒ひとりひとりが自己の能力、個性を極限まで開発し、自己実現のよろこびを感得しうるように最善を尽くさなければなりません。
•進路は高校教育の総和です。従って進路指導の徹底を期し、特に進学のための十全な素地づくりを図ります。
•西大和学園の出口に有名大学の入口がある。――そう言われるべく、まず関関同立合格の学力はつけます。そして、その延長線上に国公立大への展望もひらけてきます。
•私学としての可能性を極限まで追求し、責任ある指導をします。かくして清風、明星、上宮等の域に可及的速やかに到達致したく存じます。

ちなみに「関関同立」とは、関西大学、関西学院大学、同志社大学、立命館大学の関西有名私大4校を指します。また、「清風、明星、上宮」は、いずれも大阪にある名門私学です。

✲どこにでもある「中堅クラス」の私立高校

第2次ベビーブームの世代で、生徒数が急増していたこの時代、奈良県でも県内だけでは高校、特に進学校が足りず、大阪など関西圏に優秀な生徒が流れていく現状にありました。それを食い止めるべく、まずは大阪の有名私学並みのレベルを目指していたのです。

第1回の入学試験では、男女合わせて定員315名のところ、あえて合格者を定員以下に抑えることにしました。その結果、初年度入学者の学力は、奈良県内にある四十数校の公立高校では中堅クラス。偏差値は50前後だったでしょうか。

この「中堅クラス」というのが実はやっかいなところで、明確に大学進学を目指している生徒もなかにはいるものの、多くは高校受験を勉強の最大の山場ととらえており、高校では思いきり羽を伸ばそうと思っていたり、公立高校に落ちて劣等感を抱いていたり。

生徒たちに我が校の志望動機を聞いてみても、こんな調子でした。

「奈良の公立を落ちてしまい、すべり止めでここしか入れなかったから」

「大阪の私学や奈良の公立に比べて、奈良の私学は入試時期が一番先で、できるだけ早く勉強から解放されたかったから」

「制服が可愛かったから」

「新設校だから校舎も新しくて、居心地がよさそうだったから」

「新設校で先輩がいないから、自由に、好き勝手にできそうだったから」

勉強が決してできないわけではないけれど、向学心に乏しく、要領もあまりよくない。そんな生徒がいる一方、とことん劣等生ではないけれど、それなりにやんちゃをしたい生徒もいる。

西大和学園高等学校の記念すべき1期生は、どこにでもある中堅クラスの私立高校同様、学力的にもごく普通で、どこかのんびりした子も多かったのです。

入学したのは男子186名、女子32名の計218名。

いくら幅を利かせても先輩にガツンとやられることはありませんから、彼らは自由気ままに、好き放題に学園生活を送り始めました。

「授業に飽きた」といって、勝手に教室から出てしまう子もいれば、「気が向かない」といって学校にすら出てこない子もいる。外へ出ればケンカや迷惑行為は当たり前。教員が駆り出されない日はないというほどでした。

現代の子どもたちは、昨日まで優等生だった子やおとなしく目立たなかった子がいきなり世間を震撼させるような凶行に走るという事例も多いですが、1980年代の子どもたちは不満や悩みのはけ口を、今よりもっとストレートに大人や学校へぶつけていた気がします。ヤンキーやツッパリを気取る生徒も多く、西大和学園でも窓ガラスやげた箱のドアを修理する業者が絶えず出入りしていました。

「理事長、あの子らが落ちつきがないのは、なにも本人たちのせいだけやないと思います」

開校からほどなく、私は教員たちからこんな報告を受けました。

彼らいわく

「放課後の校内は今、とんでもないことになっているのです」

✿放課後の大混乱

授業が終わり、野球部の練習に向かおうとしている生徒を、ひとりの先生が呼び止める。

「お前、この間のテスト、悪かったやろ？　ちょっと残って勉強していきや」

言われた通り、生徒が教室に戻ろうとしたところへ、通りかかった野球部の顧問が一喝する。

「おい、なにグズグズしてるんや。補習なんてやらんで、早くグラウンドへ行って練習しろ！」

正反対のことを言われて、生徒は戸惑うばかり。

大学進学を目指す生徒に対しても、その指示は真っ二つに分かれた。

A先生「部活を頑張ったら推薦で大学に行けるぞ」

B先生「部活なんか行ってないで勉強しろ。一所懸命勉強しなければ、大学に合格できないぞ」

生徒はたまらずC先生のところへ駆け込み
「あのー、A先生とB先生の言ってること、どっちがほんまですか？」

こんなふうに、授業が終わった午後3時ごろから、教員たちによる生徒の奪い合いが始まり、校内では収拾のつかない状態が続いているというのです。

これには頭を抱えました。

なぜなら、大混乱の原因はすべて私にあったからです。

1983年に39歳で奈良県の県議会議員になった私は、学校不足に悩む奈良県の窮状を知ったこと、また議会の場で教育について議論していくうちに、机上の空論ではなく、学校現場に飛び込み教育の実践をしてみたいと強く思ったことから、学校づくりにチャレンジすることを決めました。

つまり「高校をやりたい！」という思いの強さだけが先行していたのです。

それでも「つくるなら日本一の高校を」という理想だけは抱いていたので、英語や数

学、国語といった主要教科の教員たちには
「とにかくいい大学へ、子どもたちが希望する大学へ必ず行かせてやってほしい。そのためには補習でもなんでもやってくれ」
と言っていました。しかし、その一方で、私はつてを頼って運動部で実績のある先生方を集め、彼らに発破をかけていたのです。
たとえば、野球部の顧問には
「とにかく徹底的に仕込んで、必ず甲子園に出場させてくれ」
サッカー部の顧問には
「まずはインターハイ出場。そして近い将来、全国選手権で優勝できるようにしてほしい」
どの先生に言っていたことも、その時点では真剣そのもの。私のなかでは学業でもスポーツでも全国トップクラスの私学に、との思いがありました。
ただ、開校の段階では英数コースを設置したり、習熟度別クラス編成を考えていたりした程度で、進学校として特別なカリキュラムを組んでいたわけでもありません。また、スポーツ特進コースを設置したわけでもありません。つまり、私が教員たちに送った指示は威勢のよさだけで、緻密なプロセスに裏打ちされていたものではなかったのです。

それでも、新卒者中心の若い教員たちは、「理事長からお墨付きをもらった」とばかりに、張り切って与えられた使命、すなわち補習や部活にそれぞれが取りかかりました。「目指せ日本一」という合言葉は一緒でも、駆け出す方向はバラバラ。生徒への教育や指導もバラバラ。これでは生徒が混乱するのも当然、学校が荒れてくるのも当然です。

✲全人教育か？　スポーツ強豪校か？

私のような教育現場の素人が経営すると、こんなことになってしまうのか。一体、どうしたものか。

開校数カ月にして、早くも私は大きな試練につきあたりました。しかし、悔やんでいても学園は荒れていく一方です。できるだけ早いうちに方向修正を決断しなければなりません。

「何もかもできればいいというものではない。やはり、高校にはひとつの路線が必要です。それをみなさんと考えていきたい」

私は教員たちに、自分の考えを率直に伝えました。

全国の高校、特に私学にはそれぞれ特色があります。女子の職業教育を中心とする高校、スポーツエリートの養成に特化した高校、高い進学実績を維持する高校などなど。では、西大和学園はどんな特色を持つべきか――。その答えを出さない限り、学校の立て直しはいつまでたってもできません。

議員活動の合い間を縫って、あるときは職員会議の場で、私は彼らとの議論を重ねました。時には夜中まで議論が続いたこともありました。

とはいっても教員それぞれが目的意識を持って、すでに走り始めていましたから、そう簡単に意見がまとまるはずはありません。

校長、教頭は県立高校の校長を極めた二人に就任していただきました。

その校長は、奈良県内の公立の進学校で校長まで勤めあげた方でしたから、進学路線に否定的なわけではない。かといって勉強だけをさせていたら、かたよった人格形成がなされる恐れもあるので、「やはり全人教育をすべきではないか」という意見をお持ちでした。

また、教頭は県立高校での教員時代、部長兼監督として野球部を春夏の甲子園に出場させた経験もあり、いわば体育会系。進学に特化した教育を、完全に良しとはしません。

これ以上、議論を続けても、それぞれの主張は平行線をたどるのみで、結論が先延ばしにされてしまう。学校が初めての夏休みを迎えるころ、私はついに、ひとつの決断を下しました。

「西大和学園は、今後、進学校としての道を極めていく」

✽どこだって本当は進学校にしたいんですよ

文武両道のオールマイティな高校ではなく、スポーツの強豪校でもなく、熟慮の末に「進学校」を選んだのは、やはり「議論」が大きな決め手でした。教員たちと議論するかたわら、私は全国の私学をまわり、経験豊富な他校の先生方と忌憚《きたん》のない意見交換をしながら、多くの助言をいただいたのです。

たとえば神奈川県横浜市にある桐蔭学園。当時、桐蔭学園は創立20年ほどでしたが、1971年には硬式野球部が甲子園に初出場、初優勝の快挙を成し遂げる一方、進学実績も着実に上げていました。文武両道の道を探るには、まさに格好のモデルです。そこで、学園を創設した当時の理事長に、さっそく意見を伺いに行きました。

そのほかにも、１９８１年の開校以来、サッカー部や野球部が全国レベルの活躍を見せ、進学校としても注目を集める埼玉県の西武台高校を訪ねたり、京都の東寺高校を改称し洛南高校という名門校に育てあげた理事長にも話を伺ったり。

奈良県の無名の私立高校からやって来た、しかも県会議員との二足のわらじで、教育の現場をよく知らない理事長など、本来なら見向きもされないでしょう。でも、私のほうは「とにかく早く結論を出したい。そうしなければ、生徒たちがクサってしまう。彼らの貴重な3年間を無駄にしてしまう。ゆくゆく、せっかくつくった学校を潰してしまう」と必死です。その必死さが伝わったのか、どの学校の先生方も私学の在り方そのものから、私学の置かれた現状まで丁寧に教えて下さいました。

さまざまな学校を回りましたが、学校づくりに真摯に取り組む先達たちの意見は、みなさん、ほぼ一致していました。

「今は第2次ベビーブーム世代が進学し、高校生が増えているが、これからは違う。間違いなく減少の一途をたどる。高校自体が生き延びようとするなら、やはり進学実績をしっかり上げて、『ここなら行ってみたい』『子どもを行かせたい』と思ってもらえるような高校にしないと」

文武両道を見事に体現している学校でさえ、中心となる先生に話を伺うと、こんな本音ももれてきました。

「うちも、どちらかといえば学業とスポーツ、どちらにも振りきれず中途半端なのです。正直に言えば、うちも変えられるものなら進学校に変えたい。でも、ひとつの路線が定着してしまうと、そこから方向転換するには相当の手間ひまがかかります。だから田野瀬理事長、何事も最初が肝心ですよ」

学校の存続を考えれば、本当はどこだって進学校にしたい。そのほうが、確実に経営が安定するから。私学のシビアな実情と本音を知り、私の心は決まりました。

❇賛成派たった二人からのスタート

夏休み直前、私は職員会議の場で進学路線への変更を伝えました。

全国の私学では、すでに生徒数の減少に大きな危機感を抱いている。奈良県も例外ではなく、国・公・私立を合わせた小学校の在籍者数は、４年前の13万３０００人をピークに、１９８６年現在は12万人まで減っている。中学校の在籍者数は７万人でまだ増加傾向にあるが、すでに頭打ち状態。今後10年以内に１万人以上減少することは間違いない――。

こうしたデータを並べた上で、私は教員たちに宣言しました。

「これからの西大和学園は進学校でいきます。進学校しか生き残る道はありません」

教員たちの反応は、意外なほど薄いものでした。

とてもイエスとは言えないが、理事長の私に面と向かって異を唱えるのはさすがに気が引けたのか。はたまた「有名私学の先生たちに感化されただけ。一時の気まぐれだろう」と流されたのか。まだ具体的な改革案を示したわけではなかったので、おそらく大半の教員は「ピンとこない」というのが本音だったかもしれません。

そんななか、いち早く進学路線に賛同してくれた先生もいました。たった二人だけですが。

そのひとりが、福井士郎先生です。

福井先生は、私立の進学校で数学と理科を教えるかたわら、進学指導を担当していました。西大和学園に来た当時は36歳。若い教員たちのなかでは年齢もキャリアも上でした。

生徒がどんなにやんちゃをしても

「最初から形ができている進学校に入るよりは、ドロドロのなかから『それは無理やろ』ということに挑戦するのが好きなんですよ」

と言いながら、涼しい顔で教壇へ向かう先生です。

進学路線への変更について意見を求めると

「生徒数の減少をみたときに、運動部で将来この学校はやっていくか、文化部のクラブ活動でやっていくか、それとも勉強か、選択肢はそのどれかになるが、やはり中途半端な私学はしんどくなっていくでしょう。そうなると、一番永続性、将来性がある道を選ぶのが賢明です。経験から言って、それはやはり進学ということになるでしょうね」

客観的にそう分析し、進学指導に関する手持ちの資料を提供してくれました。

もうひとりの賛同者は、英語を担当していた平林春行先生です。

平林先生は公立中学に数年勤め、25歳で西大和学園に入ってきました。

彼の持ち味を一言で表すなら「情熱」です。授業においても、学校づくりにおいても、とにかくまっすぐで、熱い。進学路線への変更を宣言したときも、彼の反応は直球ストレートでした。

「その改革は、本当に生徒らのためになるんですね？　この学校のためになるんですね？」

怖いほど真剣な目で何度も確認した末に、賛同してくれたのです。

反対派の先輩教員も多く、現場のトップである校長や教頭でさえ１００パーセント受け入れているわけではない。四面楚歌といってもよい状況のなか、真っ先に手をあげるのはよほどの勇気が要ることです。

その日以来、推進派の中心人物として一心不乱に改革を推し進めてくれた平林先生ですが、最近になって改めて当時の心境を聞いてみると、ちょっと意外な答えが返ってきました。

「実は、自分のなかではずっと葛藤していたんです」

✤エリートになり切れなかった教師たちの本音

少し長くなりますが、以下は平林先生が語ってくれた当時の心境です。

「僕のなかでは『進学教育は勉強一辺倒』というイメージがあったんです。

もともと、公立の教員としてスタートし、最初に指導を仰いだ先生が、地域の人と寄り添いながら子どもをどう支えていくかという教育に心を砕いておられる方でした。それこそ『親御さんとふれあうためにも、家庭訪問は毎日せなあかん』というところから教えてもらったんです。

進学路線はそれとは真逆に感じられて、抵抗感がありました。『俺がやろうとしているのは、こんな教育じゃないのでは？』と。だから、正直に言うと、西大和学園をやめて、やはり公立の学校に行こうかと。

開校当初の西大和学園には、公立高校を落ちた生徒がたくさんいましたが、考えてみると当時の教員たちも、どこかでエリートになりきれなかった者が多かったような気がします。『学生時代はもっとこんな大学に行きたかった、本当はほかの違う道に行きたかった。あるいは公立の教員になろうか』という。私もそのひとりでした」

当時の公立の学校のなかには、エリート至上主義だといって、私立の進学校を公然と批判する教員もいて、彼も短期間とはいえ「アンチ私立進学校」の空気を吸ってきたうちのひとりでした。

ところが、着任から1年と経たないうちに、西大和学園が進学校へシフトチェンジすることになります。

でも、ここが平林先生の面白いところ、エネルギッシュなところで、反対するのではなく、むしろ「思いきってアンチの世界へ飛び込んでみよう」と思ったのだそうです。

「地域と人と寄り添う教育を志向する自分が私学へ来て、そして進学教育をやらなければならないとは、なんと皮肉な話だろう。でも、これが運命なのだとしたら、進学校というヤツを、いっそ極《きわ》めてやろう。いったい進学校ってなんやねん？　そこのところを徹底的に理解してやろう。そんなふうに腹を決めたんです」

少数ながらも前向きで頼もしい彼らとともに、私はいよいよ改革に向けて大きく舵を切ることになりました。

✿進学校推進派VS改革否定派

夏休みが明けて早々、放課後の職員会議で事件は起きました。

集まった教員たちに資料を配ると、福井先生がこう切り出したのです。

「今日の会議は、授業の新カリキュラムを発表する場とさせていただきます」

「おい、いきなりなんだ！」

早くも、ひとりの教員が声をあげました。配られた資料にざっと目を通し、怒りに震える教員たちもいます。にわかに色めき立つ職員室。

「新しいカリキュラムの基本は、高校2年間で3年間分の授業時間数を確保するということです。高校3年次は受験対策の期間とします。よって……」

「なんのためにそんなことするんや！」

「勝手に言いやがって！」

次々と上がる怒号。それでも、福井先生は淡々と説明を続けます。

「よって、授業時間確保のため、時間割はこれまでの50分6限から、60分7限授業とし、長期休業日である夏休み、冬休み、春休みもそれぞれ短縮します。この調整で2年間の総トータルの授業時間が、一般の公立高校3年間の時間数とほぼ同じとなります。なお、新しい時間割での授業は若干の調整をした上で数日中にスタートさせることとなります」

「まだ9月やろ？　年度途中でいったい何を言ってるんや！」

椅子を蹴って出ていこうとする教員を、平林先生が押しとどめます。一触即発の空気が充満するなか、たった二人の進学路線推進派による説得は、2時間以上続きました。

発表した新カリキュラムは、夏休み中に福井、平林両先生と私で練り上げたものです。

そして、実はカリキュラムの大幅変更を知っていたのは、私たち3名と改革に賛同する職員数名という、ごく限られたメンバーのみでした。校長、教頭ですら、職員会議の場で初めて変更を知ったのです。

筋が違うと言われればそれまでですが、これには私なりの考えがありました。

前もって根回しをしたとしても、改革に否定的な教員たちには彼らなりの確固たる教育観があるから、１００％の賛同は得られない。表面上は納得しても、気持ちはくすぶったままです。

ならば、唐突に切り出してみて、まずどのくらいの反発があるのか、本音のところはどうなのかを確認したいと思ったのです。

それに、人は誰でも悶々としているうちは思考もネガティブになりがちです。逆に、思いきり本音を吐き出せば、せいせいして前向きな気持ちが生まれてきます。そんなガス抜きの効果も期待して、突然の発表に踏み切ることにしました。

先ほど「職員会議で事件は起きた」と書きましたが、実は確信犯的な行動であり、事件は起きたのではなく「起こした」が正しいのです。

否定派の教員たちの反応は、予想通り、いや予想以上のものでした。

✻出過ぎた杭は打たれない

多くの教員にしてみれば、望まない進学路線を強制され、しかも自分たちの知らないところですべてが決められたような形になったわけですから。

「なんでお前らだけが理事長とやり取りをしているんや」

というやっかみも、少なからずあったはずです。

否定派のそんな気持ちを鎮《しず》めるために、そして進学路線への理解を求めるために私は校長、教頭と何度も話し合い、「この道しかない。分かってほしい」と粘り強く説得しました。

「学校教育というのはいろいろな側面、いろいろな価値観が存在する。進学指導もひとつの教育なら、スポーツに一所懸命になるのも、文化活動、課外活動にいそしむのも教育の一環。それを分かった上で、今は学校の未来のために、進学という価値観に統一する必要があるのだ」と。

数週間後、私は福井先生から2度目の会議の報告を受けました。

「今回は、おだやかに会議が進みました。前回のあの修羅場が嘘のようです」

猛反対していた校長、教頭が、今回は終始、黙り込んでいたそうです。トップ二人が進学路線を受け入れたことを知り、他の教員たちも反撃の矛《ほこ》を収めざるをえなかったのでしょう。

これをもって一件落着、あとは改革に向けて邁進《まいしん》するのみ。


本当はそれが理想ですが、そう簡単に動かないのが人の心です。

微笑を浮かべながら、福井先生が当時の思い出をこんなふうに振り返ります。

「実はあれ以来、職員室で険悪な雰囲気が漂っていて、睨みつけるような眼差しが……。よほど私のことが腹に据えかねたんでしょうね」

神経質な性格の人がこんなことをされたら、とっくに胃潰瘍にでもなっていたはずです。でも、福井先生は柳に風というのか、どこか泰然自若としたところがあります。また、長い教員経験から肝も座っていたので、否定派のひそかな反抗にも飄々《ひょうひょう》としていられたのでしょう。

一方、平林先生はまだ若く、しかも何事も真正面から受け止める性格だけに、攻撃の矢面に立つことも多かったようです。

若手教員たちを説得する役目も担っていた平林先生は、このころ、毎晩のように彼らを飲みに誘い、語り明かしていました。

「結局、平林先生は進学実績、つまり数字を上げたいだけやろ」

「数字は上げるよ。でも、それが子どもたちの可能性を広げるんやという考えにはならんかな」

「そんなきれいごとばかり言ったらあかんで」

「そこまで言うなよ。きれいごとかも分からへんけど、決めた方向に精一杯進もうというなかで、実現しないといけないものもあるし、そうかといって子どもたちの思いもあるやろうし。俺らは、それをうまいこと両立させていかなあかんねん」

「ほら、やっぱりアンタはきれいごとの人や」

あるとき、目の下に隈《くま》をつくり、疲れ切った様子の平林先生が、私に相談を持ちかけてきました。

「理事長、僕のような青二才が説得したところで、しょせん無理なんちゃいますかね。教員全員の目を進学のほうに向けさせるなんて」

「そりゃあ、今日、明日に変えろというのは無理やろな。時間をかけないと」

「でも、時間が経てば僕も歳を取りますけど、向こうも同じように歳を取ります。いつまで経ってもその差は埋まりません。『生意気なヤツが何を言うか』と延々に言われるだけですわ」

「そんなことはないよ。出過ぎた杭は打たれない。そのうちに、だんだん、まわりも『なるほどな』と思ってくるんよ」

これは、議員生活から得た私のなかでの真理です。


34歳で五條市議会議員選挙に再選したとき、私はすぐさま「次は奈良県議会の議員選挙に出る」と周囲に宣言しました。市議会の副議長をして、議長をして、と段階を踏んで、初めて市会議員は県会議員への挑戦を許される。それがこの世界での〝常識〟です。私のような一期終わったくらいの、それこそ青二才が、いきなり県会議員を目指すなど言語道断に等しいのです。

先輩や同僚の議員を含め、総スカンを食った私は、案の定、初の県議会議員選挙で落選。４年間の浪人生活を送ることになりました。

それでも、４年の間に根気強く理解を求めるうちに、周囲の空気はしだいに変わっていったのです。市会議員も４、５人応援してくれることになったのです。

こうした経験を語った上で、私は平林先生を元気づけました。

「懸命に頑張っていたら、そのうち応援してくれる人が出てくる。『こいつ本気やな。だったら応援したろ』という人が出てくる。出過ぎた杭になれば、むしろみんなが寄ってきてくれる。協力してくれる。そういう存在になれ」

✻授業の一変に戸惑う生徒たち

教員たちの一応の賛同を得て、新学期からほどなく、新たなカリキュラムがスタートしました。

教室の壁に貼り直されたのは、７限まで延びた新しい時間割。

「何これ？　授業が終わるの、いったい何時やねん！」

「先生、俺らに何をさせようとしてるんや！」

生徒たちは、あ然、茫然。どのクラスも、軽いパニック状態でした。

受験前の学校説明会では、「西大和学園は進学にも力を入れます」とお話ししていました。それに入学後も補習はすでに行っていましたから、生徒たちのなかではある程度、「勉強もちょっとはやらなあかんかな」という気持ちも芽生えていたとは思います。でも、まさかここまでとは……。

多くの生徒にとって、西大和学園はどこにでもある中堅的な私学という認識でした。スポーツもやり、勉強もやり、すべて、ほどほどに頑張ればいいというイメージです。ところが、楽しい夏休みを過ごして登校してみたら、いきなり何もかもが変わっている。これでは、戸惑うなというほうが無理でしょう。

そもそも、「大学進学」という目標自体にピンと来ていない生徒もたくさんいました。

当時は、大学より専門学校に行きたいという生徒や、1980年代の一時期にブームとなった米国大学の日本校を希望する生徒も少なくありませんでした。特に米国大学の日本校は、入試がいらないところも多かったので、「ラクに入れて、なんとなくカッコいい」という理由で人気を集めていました。

「高校受験でこりごり。早く勉強から解放されたい！」

それが、当時の生徒たちの本音でしょう。

そんな子どもたちを、わずか3年足らずで関関同立の有名私大、さらに国公立大学合格に向かわせようというのですから、これは相当なプロジェクトです。いえ、荒行と言ってもいいかもしれません。

✿スピードチェンジ授業

改革の先頭に立つ福井先生は、自身が担当する数学の授業で、さっそくギアチェンジを図りました。

「数学で教え方のギアを上げるには、二つほど要素がある。ひとつは早くしゃべること。もうひとつは深い内容を説明すること」

それが、私立進学校での指導で先生が得た持論です。

ギアチェンジ初日。福井先生が授業を始めました。

「今日の◯#%&▲＊&%$#◯#%&▲＊&%$#……」

あまりにもスピードが速すぎて、生徒はついていけません。

「先生、何を言ってるのかサッパリ分かりません。もう少しゆっくりしゃべって下さい」

「いや、このまま行きます。君たちは、とにかく前を見ていなさい。私の口だけを見ていなさい」

これでは授業にならない？　でも、福井先生はこう解説します。

「最初はもちろん分かりません。でも、ひと月ほど経つと、みんなそのスピードに慣れてくるんです。つまり思考のスピードがものすごく速くなる。これは英語のリスニングと一緒です。ナチュラルスピードで聞き続けたら、そのうちなんとなく聞き取れるようになるでしょう？　頭が速く回転するようになるんです。

授業のスピードを上げてしゃべると、生徒の思考力にもスピードがついてくる。ということは、計算が速くなり、考えるスピードも速くなるんです」

思考のスピードの差は、そのまま試験を解く時間感覚の差に直結します。

同じ1時間の試験が、スピードの遅い子どもにはそのまま1時間である一方、スピードの速い子どもにとっては2、3倍も長く感じられる。余裕をもって試験問題を解けるわけです。数学で身についた思考スピードは他教科でも発揮できますから、各教科の理解力アップにもつながります。

もうひとつ、福井先生が実践したのは、授業中、生徒にノートを取らせないこと。授業が速すぎて書くヒマがないということもありますが、これにも理屈があるそうです。

「学校の黒板に書くことは、心配しなくても参考書に全部書いてあるんですよ、しかもきれいにまとめて。だから、授業中はポイントだけを教科書にメモらせる。書かれていないことを私が言ったときだけ、書き込みの作業をさせるのです。だらだらと書いていた分、しっかり話を聞いておきなさいという授業です」

このピンポイント書き込み法により、これまで5題ほどしか進まなかった数学の問題が、同じ授業時間で一気に10題ほど進むようになるそうです。

レベルアップした授業についていけない生徒には補習をして、「分からない」までは帰さない。7限が終わり、補習が始まるのは午後6時前。補習が終わり学校前の坂を下りながら「なんだ、もう月が出てるじゃないか！」と、初めて気づく生徒も多数いました。

「入学当初は『先生、琵琶湖ってどこですか?』なんて聞いてくる生徒がいてビックリしましたが、そういう子でも、きちんと補習してやることで変わってくる。だんだん勉強が面白くなっていくんじゃないですかね。そういう生徒が増えてくると、教師としても、より効果的な授業ができるよう工夫したくなるんですよ」

✿生徒は熱い教師についていく

一方、平林先生は、まず生徒たちにカリキュラム変更の理由を説明するところから始めたそうです。

「『なんでここまでせなあかんの』というアンチの空気が、僕にはすごく気になっていたんです。だからちゃんと話をするべきやと。『学校はこういう目標を立てて頑張ろうと思っているから、学年全体では授業をこう進めていく。だから、君たちにも一緒についてきてほしい。先生たちを信じてほしい。責任は全部持つ』。そんなふうに順序立てて話をしました。

成績を上げなくちゃいけないなら、上げましょう。ただ、この子たちが本当にやる気にならない限り、単なる押しつけで終わってしまう。それだけはイヤです、と。そういうこだわりが、僕のなかではありました」

当時の卒業生に話を聞くと、「平林先生の授業はとにかく熱かった」という声があちこちから上がります。そのひとりの証言。

「たぶん、僕らを授業に集中させるためだと思いますが、平林先生は最初にいつも勉強以外の話をするんです。人生だったり、愛だったり、ちょっとここでは言えないことだったり。そこから、もう熱い。今なら『松岡修造を地で行く』という表現がピッタリかもしれません。

そのうち、僕ら生徒のなかでも『あの先生、必死やし』とか『これだけ一所懸命やってくれるんやから』という感じで、気持ちに応えたいなという子も出てきたりして。ああいう時期って、特に嗅覚が発達しているのかな、理由は分からないけど、生徒は熱い先生についていきますね。正しい、正しくないは別として」

「懸命に頑張っていたら、そのうち応援してくれる人が出てくる」と、私は平林先生を励ましていましたが、彼の頑張りにいち早く反応してくれたのが、ほかならぬ生徒たちでした。

そこまで熱くなれた理由を、平林先生はこんなふうに自己分析しています。

「正直に言えば、職員室は敵ばかりでした。居場所なんてあったものじゃない。ときには反対派の教員とぶつかって、カッカしたまま教室に行ったりもしましたし。僕には教室が居場所でしたし、子どもたちが救いだったんです」

✿教師はお山の大将

環境の変化に対しては、大人より子どものほうがずっと柔軟です。大人は、経験からくる保身もあって、現状維持から、なかなか抜け出せません。

生徒たちが少しずつ意識を変えていく一方、教員たちの意識改革は遅々として進みませんでした。遅くまで補習や教材研究に取り組む福井先生や平林先生を、ある程度は評価してくれるのですが、進学路線に向けて本腰を入れる先生は、ごくわずか。

「進学校？　なにを血迷ったことを言うてんねん。なれるわけないやろ」

「こんな学校がいくらあがいたって、奈良高校や畝傍《うねび》、郡山《こおりやま》みたいな進学実績のある公立高校の足元にも及ばないだろう」

そんな冷めた目が大半でした。

ごく普通の学校が、進学校へ転換する際に一番のポイントとなるのは、教材研究でも、生徒指導のレベルアップでもありません。教員たちの意識をどのように変えていくか。これに尽きます。

教育というのは本当に特殊な分野です。

一般企業なら、多くの場合、トップのひと声で下の者がそのまま動き、目的達成というゴールに向かいます。ところが、教育の分野だけは違うのです。

そもそも、教師のなかには子どもたちを相手に、自分を〝お山の大将〟のように感じている人がたくさんいます。

学内のトップである校長がいくら指示を出しても、実際に教室のなかで授業をするのは先生なので、ある程度から先はその先生に任せるしかない。授業のテキストを選ぶことはできても、どういう教育や指導をするかは先生しだいです。

一番大切な末端の部分で、まったくコントロールが効かない。それが教育なのです。これでは意識改革が難航するのもうなずけます。

学校という現場に足を踏み入れてみて、私は教育分野のもつこうした特殊性を初めて知りました。一般企業に勤めた経験のある私から見ると、実に、実に不思議な世界です。

「このままではあかん。先生の常識は社会の非常識というのでは、生徒たちにも悪影響を与えるし、何より先生たち自身も閉じられた学校社会でしか生きられなくなる」

ちょうど、年が明けて新しい教員を募集する時期が近づいていました。学校の組織そのものを変えていくには、またとないチャンスです。進学路線への改革は現場の先生たちに任せ、私は根っこからの組織改革、意識改革について、考えを巡らせ始めました。

✤ところで君、お酒は飲めますか？

教員2期生の採用試験には、前年の数倍もの受験者が集まりました。

残念ながら、多くは安定志向で公立高校の教員を目指していたようですが、競争率が高ければ、それだけ優秀な教員が残るはず。校舎が埋まるほどの受験者はうれしい限りでした。

採用試験にはペーパーテストと面接があり、私は特に面接試験を重視しました。志望動機など一般的な質問は一応するのですが、ポイントに置いたのはその先の「雑談」です。

ときには、こんな質問もしてみました。

「ところで君、お酒は飲めるの？」

これは、私以下、当時の教員たちが酒好きだったこともありますが、私にとって飲みの席は議論の場であり、コミュニケーションの場であり、肩書きに関係なく本音をさらけ出せる、大切な時間でもあるのです。

もちろん、お酒が飲めない人は駄目、というわけではありません。重要なのは、コミュニケーション能力があるか、ないかです。

「教員に必要な資質とは？」

これは、先生方ともよく議論を交わすテーマです。生徒の学力を高めるためには、やはり成績優秀な者を積極的に採用すべきではないか。そんな意見も出てきます。でも、私はいつも言うのです。

「自分の教科を教えるだけではあかんと思う。ひとつの教科を10年も教えたら、誰だってスペシャリストにもなれるし、東大の問題だって教えられるよ。でも、人間力というのは、必死に勉強して身につくもんやない。自分が理解できるのと、子どもに教えるのとは、また違うやろ？　人間的に魅力のある教員でなければ、生徒を引っ張れないよ」

当時の教員採用試験といえば、学力をメインに置いたもので、授業をつつがなく教えられたらそれでよし。進学校は特にその傾向にありました。教育の専門家ではなく、教科を教える専門家を求めていたのです。

そんななかで、西大和学園の採用試験はかなり風変わりだったようです。

「酒を飲めるかだって？　なるほど、西大和学園は進学校にしていくらしいと聞いていたけど、あれは単なる噂だったんやな。きっと生徒と仲良くやっていける者が通るんやろうな」

採用された教員の多くは、そんなふうに思っていたそうです。

✽12人の新卒教師とともに

採用試験の結果、12人の教員が西大和学園に加わることとなりました。全員が新卒者です。今でこそ、若い教員を一気に雇い入れて学内の組織改革を断行するという手法があちこちの学校で見られますが、１９８７年当時はたいへん珍しい試みでした。

これから進学校に変えていこうとするなら、授業力の高い教員をヘッドハンティングするのが手っ取り早いのかもしれません。でも、私は、若い12人のエネルギーと人間力に賭けてみようと思ったのです。

勤務が始まる直前の3月、新人研修の場で、私は彼らにこう宣言しました。

「みなさん、この学園は10年以内に東大寺学園をしのぐ学園にしよう」

12人全員、ただただポカンとするばかりでした。

奈良の東大寺学園といえば、灘に次ぐ関西屈指の私立進学校。東大・京大合格者ランキングの常連校でもあります。生徒たち同様、先生たちにとっても「手の届かない世界」という認識です。

「大丈夫かな。えらいところに来たな」

「どうやって抜くんかな。田野瀬理事長は政治家だけに、あまり教育現場のことはご存知ないかもしれんな」

ヒソヒソ話をしていたのが、今村浩章先生と、上村佳永先生。

二人は採用試験の際にすでに意気投合していたそうで、試験後、喫茶店で情報交換をしながら「この人は落ちるやろうな」とお互いが思っていたとか。

新人研修で二人だけ浅黒く日焼けをしていたので、後から聞いてみると、今村先生が申し訳なさそうに
「実は前日までスキーに行ってました」

その横で、同じく申し訳なさそうに上村先生が
「僕のほうは前日まで卒業旅行でハワイに……」

共に理系科目担当で、西大和学園の志望動機も揃って「家が近かったから」。この二人は切磋琢磨しながら良いライバル関係になるなと直感で思いました。

バイタリティと遊び心にあふれているというのが共通の長所。加えて、今村先生はみんなが遠慮して言えないようなこともストレートに言えて、それが厭味にならない。上村先生のほうは、柔らか頭の持ち主で、普通なら考えつかないような発想や企画ができる。まだまだ未知数ではありましたが、彼らの人間力には大きな魅力を感じました。

✲入学前に三者面談を実施

組織改革の第一歩として、私は高校1年の学年部長を平林先生に、2年の学年部長を福井先生にお任せすることにしました。そして、新卒教員のうち7名を担任に抜擢しました。1、2年合わせて全14クラスですから、半数を新卒の担任が占めることになります。

不満が出ることは分かっていましたが、まずは生徒たちと日々接する担任たちの意思統一を図りたかったのです。そのためにも、学校の〝常識〟にとらわれていない新卒の先生たちを抜擢する必要があったのです。

担任が決まると、新入生と保護者を呼んで、さっそく三者面談を行うことにしました。それも本来なら4月、入学式を終えてから行うところ、入学式前の3月の春休みに実施することにしたのです。これも学校の〝常識〟外の奇策です。

1年の担任となった今村、上村両先生は
「俺ら、こないだまで大学生やったよな」

「いきなり面談て……。無茶しよるなあ」

と青い顔。困りきって、学年部長のもとへ駆け込んだのですが、

「平林先生、僕ら、親御さんとなんの話をしたらええんですか?」

「まあ、気楽に話しせいや」

新入生や保護者以上に、担任が緊張しながらの三者面談でした。

私が三者面談を前倒しした理由は二つあります。

ひとつは「安心感」です。早い時期に顔合わせすることによって、親御さんは「こんな先生が子どもをみてくれるのか」と、ある程度、人となりを確認できる。だから、いざ入

学式を迎えても緊張することなく、安心して子どもを預けられる。生徒のほうも、すんなり学校に溶け込めるのです。

もうひとつは「責任感」です。

私は教員たちに、しつこいくらい担任の重要性を語っていました。

「多感な中学生、高校生が伸びる、伸びないも、担任にかかっている。君たちは一義的には勉学のことを教えるけど、それだけではない。生徒の家庭環境や精神状況、すべて分かった上で、勉学も家庭のことも全部面倒みるんや。そうせんと、人間関係なんかでけへんねん。逆に、人間関係がしっかりできたクラスが、どれだけ力を発揮するか」

最近ごくごく一般的になったスクールカウンセラーも、（もちろん、専門的なケアの必要な生徒の場合は別ですが）私はもろ手をあげて賛成はできません。たとえば、「先生、相談があります」と生徒がやってきたときに、「それは俺の担当じゃないから、カウンセラーに相談しておいで」と言ったら、生徒はどう思うでしょう。そこに絆が生まれるでしょうか。

大学を出たての新人でも、生徒や親御さんにとっては「担任の先生」です。担任としての責任を自覚してもらうためにも、早い段階で三者面談を経験してもらいたかったのです。

2015年現在、西大和学園でも生徒が心の悩みを気軽に相談できるよう専門の臨床心理士の方に来ていただいていますが、すべて専門家任せにせず、担任が子どもの心の揺れをしっかり把握するよう努めるという姿勢は変わりません。

✲週末に夢を語り合う

新たな教員と生徒が加わり、2年目を迎えた西大和学園でしたが、改革派と否定派のにらみ合いや、放課後の生徒の奪い合いは続いていました。

それでも、ほんの少しずつですが、若い教員たちを中心に進学路線に対する賛同の輪は広がっていきました。

この時期、私は若い教員たちを誘って、実によく飲みにいきました。得意の飲みにケーションです。当時は私も43歳と若かったこともありますが、若い人たちの発想は柔軟で、議論をしていても楽しいのです。

県会議員として土日にも公的な会議がありましたから、それを終えて彼らと合流できるのは夜。自然と「ちょっと一杯行こうか」ということになります。

王寺駅前の居酒屋で、私が頼むのは辛口日本酒の超熱燗と決まっています。盃《さかずき》を交わしながら、教育とは？　進学とは？　理想の学校とは？　学園の将来についてひたすら問答を繰り広げました。「24時間戦えますか」とか「5時から男」といった栄養ドリンクのCMが流れるのはこの翌年以降ですが、居酒屋は仕事を終えたサラリーマンたちでいつも満員盛況。そんな疲れ知らずのサラリーマンたちに負けじと、私たちも熱く語り合いました。

議論のなかで、私が何を心がけたかといえば、先生方と夢を語り合うことでした。

「20年後、君たちが『西大和学園の先生をしています』と人に言ったときに、『いい学校の先生をしていますね』と言われるのと、『そんな学校あったっけ』と言われるのと、どっちがいい？　せやから、みんなで20年後の西大和学園を想像して、そこに向かって頑張ろう」

そして、高校をつくっているときから思い描いていた夢も、若い教員たちに語って聞かせました。

「まず、今の西大和学園を日本一の進学校にする。来年には中学もつくる。そして、将来的には4年制大学をつくろうと思っている。それも、あらゆる学問領域を研究する総合大学を必ずつくる。君らに今から約束しておくから」

夢が具体的であればあるほど、先生たちは一人ひとりみんなやる気になります。そして、そのやる気を情熱に変えて、生徒にぶつけるようになります。また、私と同じように、生徒にも夢を語るようになります。

彼らに夢を伝えることは、私にとってもいい意味でのプレッシャーになります。私を信頼して、私の夢を応援してくれる若い人がこれだけいるのだから、「やっぱりやめた」とか「無理だった」と尻尾を巻いて逃げだすわけにはいかない。有言実行、口に出した夢を実現していく以外ないのです。

考えてみたら、私は若いころから、無謀な夢を思いつき、「できるわけないやろ」とたしなめられ、それでもしつこく追い続け、なんとか夢を実現させる、その繰り返しで生きてきたような気がします。

飲みながら何度も何度も夢を語り合ったのが先生をやる気にさせ西大和学園の発展につながったのだと思います。

第2章

海外放浪から政治家へ

✤1年間の海外放浪の旅に出発

私は政治家と学校経営者という二つの顔を長らく持っていました。

「ご親族に政治家の方がいらっしゃるのですか」

「親御さんのどちらかが教員か、学校関係者だったのですか」

と、よく聞かれます。

でも、そのどちらでもありません。私の母親は、今で言うシングルマザー。私を含め、4人の子どもを女手ひとつで育ててくれ、私は政治や教育の現場とは縁もゆかりもない環境に育ちました。

私が政治家になろうと決めたのは「旅の途中」です。そして、学校づくりのきっかけは「困窮のなか」での、ある決断でした。

奈良県の南西部にあり、金剛山や吉野連峰、吉野川などの自然あふれる五條市に生まれ育った私が最初になりたかったものは、船員かパイロットでした。少年時代に初めて抱いた夢です。

とにかく、自分の目で〝外国〟というものを見てみたいという思いが強く、地元の県立高校から名古屋工業大学へ進学するころには、海外旅行そのものが抑えきれない夢に変わっていました。

１９６０年代から１９７０年にかけての日本といえば、まさに激動の真っただなかのころです。

１９６４年には東京オリンピックが開催され、同じ年にいよいよ海外渡航も自由化されました。誰でも自由に外国へ行けるようになったのです。

小田実《まこと》さんが書いた世界一周旅行体験記『何でも見てやろう』がベストセラーとなったり、世界中の若者の間にヒッピームーブメントが広がっていたこともあって、この時代に日本でも怒濤のごとく若者が海外へ飛び出していきました。

私の母は、４人の子どもを食べさせていくだけで精一杯でしたので、子どもたちを大学へ行かせたり、まして海外旅行へ行かせたりする余裕はとてもありませんでした。その代わり、自由だけはたっぷり与えてくれたので、私は自分で稼いだお金で大学へ行き、3回生になると「自分も世界中を見てやろう」と決めて、また必死にアルバイトをしました。

そして、なんとか30万円貯めるとすぐさま大学に休学届を出し、他の若者たちと同じく放浪の旅へ飛び出したのです。30万円のうち20万円は往復の運賃で飛びますから、元手は10万円です。

「足りなければ現地で稼げばいい、交通費にお金はかけられないから、旅の移動はヒッチハイクにしよう」

かなり無謀な算段でしたが、24歳の私には不安より夢の〝外国〟へついに乗り込むという期待感のほうが、はるかに大きかったのです。

✲社会主義国家の現実を知る

私がどうしても見てみたかった国は、ソビエト連邦（ソ連）でした。

当時の日本は、世界も目を見張る高い経済成長率を誇るいっぽう、産業や経済優先で突き進んだ結果、貧富の差や深刻な公害が社会問題となっていました。

アメリカに倣った資本主義社会・自由主義社会に疑問を抱く若者たちによる学生運動が吹き荒れ、国会議事堂は毎日、学生のデモで埋め尽くされていました。

当時は、ほとんどの学生が左傾化していたのではないでしょうか。私も、社会主義国家のソ連に強烈な憧れを抱くうちのひとりでした。

ところが、ワクワクしながらその土を踏んだソ連の首都・モスクワは、見ると聞くとでは大違いの場所でした。

日がな一日、街なかで日向ぼっこをしている男たちに「なぜ働かないのか」と聞くと、「うちの国は働いても、働かなくても給料が一緒だから」と言う。レストランに入っても、ウエイトレスは担当のテーブルしか片づけない。「たくさん働いても、給料が上がるわけじゃないから」という理由で。

とにかく、みんな無気力なのです。

日本では頑張れば出世できる、でも、それによって格差が生まれるのはよくないと、多くの若者は思い込んでいたけれど、人間は感情の動物で、やはり「平等」は向かない。頑張ったなりに報われなければ、人間は意欲や生きる気力を失ってしまうのだと痛感しました。

たった数日間のモスクワ滞在で、私は「この国はもたないだろう」と思ってしまいました。ソ連邦が崩壊するのはそれから24年後の1991年のことですが、政治の素人だった当時24歳の私にさえ、その社会システムの限界は見えていたのです。

✽世界中の人々が日本に注目していた

モスクワを出て以降、移動手段のほとんどは、野宿をしながらのヒッチハイクでした。スウェーデンのホテルとカフェテリアで、昼夜休みなく2カ月間アルバイトをし、50万円貯めると、北欧からイギリス、ドイツ、フランスなど、欧州諸国をほぼすべてまわり、ギリシャから中近東へ。そこから東南アジアまでは、バスを乗り継ぎました。

旅のあいだ、私は日本と比較しながらさまざまな国をまわりました。というより、行く先々で「日本はどんな国か」「どんな国民か」と聞かれるから、比べざるを得なかったのです。

後に『ジャパン・アズ・ナンバーワン』が全世界でベストセラーになりましたが、アメリカに代わり、日本が世界のリーダーになるという内容で、当時の日本はそれくらい激しく成長していました。

成り上がり者という見方もあれば、礼儀正しく勤勉だという話も流れてくる。行く先々では、当時世界を席巻していたビートルズのヒット曲と並び、坂本九さんの『上を向いて歩こう』が流れている。世界中の人々が日本に興味津々で、毎日が質問攻めでした。

日本のことを知らないと話題が続かないので、私はちょくちょく日本にいる彼女（現在の妻）に「あの本を送ってくれ、この本を送ってくれ」と頼み、各国の日本大使館に届いた本をピックアップしては、学んだ日本の知識を人々に伝えていきました。

出発したときは「世界を見てやろう」と思っていましたが、フタを開けてみたら、ヒッチハイクをしながら日本のことばかり考え、本を読みながら日本のことをまた考える。そんな毎日となりました。

インドからビルマ（現在のミャンマー）、そしてタイにたどり着いた時点で、出発からほぼ1年が終わろうとしていました。まわった国は33カ国を数えました。旅の終わりというのは、自分のなかでなんとなく分かるものです。タイのバンコクに1カ月ほど滞在しながら、私はこの1年間の旅の総括をすることにしました。

✼タイで政治家を志す

強烈な経験はいくつもありました。

ドイツのアウトバーンでは、乗せてもらったクルマの男二人にピストルを突きつけられたり、イランの首都テヘランでは栄養失調で倒れ、道行く人に蹴飛ばされながら道端で寝込んだり。

毎日の多くはヒッチハイクに費やしましたから、街のどこでクルマを捕まえれば、より早く次の国に近づくか、ゲイの男性のクルマに乗ってしまったとき、どのタイミングで脱出するか、などなど、ヒッチハイクのテクニックも相当磨かれました。

でも、鮮烈な記憶として残っているのは、やはり憧れていたソ連の現実であり、日々考えた日本という国のことでした。

旅のあいだ、日本に関するニュースソースは各国の日本大使館に置かれている新聞だけでしたが、読み継ぐごとに学生運動は激しさを増す一方でした。

「いよいよ日本は内戦状態に入ったのか？　もう帰れないかもしれない」

ロンドンの大使館で紙面を見ながら、そんな心配をしたこともあります。

「たしかに、日本には良いところも悪いところもある。だからといって、社会主義・共産

スウェーデンのストックホルムのホテルのアルバイト仲間と（左端が筆者）

スペインのピレネー山脈で車を待つ筆者

主義社会を理想とする考えは間違っている。今の自由主義社会を守っていかなければならないのだ」

その考えをみんなに伝え、日本をもっとよい国にしていけるような仕事ってなんだろう。

思いついた答えは、ひとつしかありませんでした。

「政治家になろう。そして、日本の世直しをするような仕事をしよう」

✤市会議員になる

私が本格的に政治家への道を目指したのは、放浪の旅から4年後のことです。

すぐにアクションを起こさなかったのは、どうしたら政治家になれるのか、見当もつかなかったからです。

政治家の家系でもなければ、政治の世界に知り合いがいたわけでもありません。テレビで国会中継を見ていても、「いったい、みんなはどうやってあそこへ行ったのかな」と不思議でしかたありませんでした。

大学に復学した私は、1年間の学生生活を終えて、名古屋にある化学薬品会社の研究所に就職しました。国内の製鉄会社や造船会社などを相手に工業薬品を開発・製造する技術職です。やがて結婚し、長男も生まれました。

給料は抜群に良いし、仕事にやりがいも感じている。それでも、政治の仕事をやりたいという思いは、いつも心のどこかに沸々とありました。

「20代で抱いた思いは、20代のうちにかなえたい。長引くほど挑戦することに臆病になり、そのうち夢もしぼんでしまう」

そんな危機感もあったと思います。29歳になる年、私は家族を連れていよいよ行動に移すべく、一念発起。何もわからずにただ付いていくという妻とふたりの幼子、少しの家財道具をトラックに載せ、自分で運転して郷里の五條市に帰りました。五條市議会議員に立候補するためです。

右も左も分からないなかでの選挙活動でしたが

「ひとりでも多くの人に『田野瀬』という名前を書いてもらうには、自分を信頼してもらうしかない。信頼を得るためには、地元の一人ひとりと会って、必死になって話を聞き、議論をすることよりほかにない」

ということだけは決めていました。

もともと、それほど多弁、雄弁なほうではありませんが、33カ国を回ったあの旅以来、私はすっかり議論大好き人間になっていました。賛成意見の人もいれば、反対意見の人もいる。集まった意見が多ければ多いほど、自分のなかでより深く、より豊かな答えが導き出せる。そう思えるようになったのも、1年間の旅の大きな収穫のひとつです。

1973年11月、ちょうど30歳になりたてで、私は市会議員に初当選することができました。定員数の立候補だったため、公示日の夕方5時に当選が決まるという無競争での当選でしたが、やっと、あの日の夢の実現に向けて、最初の一歩を踏み出せたのです。

✲議員浪人としての8年間

目指していたのは国政を預かる国会議員でしたから、今にして思えば、官僚や議員秘書からスタートするなど、もっと要領のいいやり方があったかもしれません。でも、当時の私は「国会議員というのは、市会議員、県会議員と順番にキャリアや経験を積んで、初めてなれるものだ」と思い込んでいたのです。

そこで、市会議員から始めたのですが、ここから国会議員に、そして国の中枢で仕事ができるようになるまでには、かなり大変だということが分かってきました。

「大臣や総理大臣になるまでには相当の手間ひまがかかり、多くは当選10回前後の30年選手。40代、50代で国会議員になるのでは遅すぎる」

それが永田町の常識だというのです。そうなると、階段を一段ずつのぼっていくしかない私に、安穏としている時間はありません。市議選に再選した直後には「次は県会議員になる」、県議選再選の直後には「次は衆院選に出る」と、それぞれ周囲に宣言しました。

結果的に私は、どちらも有言実行を果たしました。ただ、県議選も衆院選も、それぞれ最初の選挙では落選。自民党から除名の憂き目にあい、無所属での出馬となるなど、一度目は厳しい選挙活動を乗り越えることができませんでした。

選挙に出るということは、現役の議員を押しのけていくということです。市議や県議を2期務めた程度の若手議員に、たやすく席を譲ってくれるほど、甘い世界ではないのです。

私はそれぞれ4年ずつ、計8年の浪人生活を送りました。

50歳手前での衆院選初当選ということで、「8年間はもったいなかった」と言って下さる方もいます。でも、私のなかで後悔はありません。

この浪人時代がなければ、「学校をつくる」という新たな夢を思いつくこともなかったのですから。

✿食い詰めた浪人時代

浪人時代、特に県議選を落選してからの4年間は、本当につらい時期でした。

潮が引いたように去っていった人心をなんとか取り戻そうと、お願いにまわることもそうですが、なによりもつらかったのが、経済的に立ち行かなくなってしまったことです。

それまでは細々と市会議員の報酬で生活し、妻と二男一女、三人の子どもたちと共に、貧しいながらもなんとかやっていけていました。しかし、落選したらその報酬も当然、途絶えてしまいます。

貯金をする余裕もなかったので、家計はすぐに行き詰まりました。

妻はミシンを借りてきて内職を始めました。スカートを毎日縫って、それでも月に2、3万円です。家に帰ると、みんなが寝静まったころ、ブーンというミシンの音が夜中まで響く。そんな毎日でした。

当時の大阪はマンションの建設ラッシュに沸いていたので、私は建設現場にクロスの下地づくりに行き、その日当と妻の内職で得たお金で、なんとか食いつなぎました。五條は「割り箸の町」とも言われ、割り箸の製造、卸業が盛んです。私の家の近くにも割り箸の問屋があったので、その割り箸を名古屋のレストランに売りに行ったこともありました。

サラリーマンは時間の制約があり、選挙活動に支障が出てしまいますし、月給制となると、1カ月間は無収入になってしまいます。その日その日のご飯代を稼ぐには、日当の仕事が一番だったのです。所帯費で50万円ほど借金し、迫る返済期日に恐恐とした、あのときの気持ちはいまだに忘れられません。

困窮しながらも選挙活動はかろうじて続けていましたが、次の選挙に当選する保証はどこにもありません。

「いつまでも日雇い労働をしていたら見通しが立たない。でも、自分はどうしても次の県議選に出て、当選しなければならない」

妻とも相談し、あれこれ考えを巡らせた末に思いついたのが、「保育園をつくること」でした。

✿保育園をつくる

なぜ、保育園だったのか。理由は単純で、妻が大学を出て幼稚園の先生をしていたから。早い話が妻に手に職があったので、その収入で食いつないでいこうというわけです。また、自分の子どもたちが通っていた保育園で、保護者会の会長をした経験もあり、保育園をつくることがいちばん身近だったのです。

市議会議員時代、子ども3人それぞれ2年ずつ、6年間も会長を務めたのですが、公立の保育園は「3歳以上しか預からない」とか「午後3時までしか預けられない」とか、い

なかよし保育園。1981年開園当時の全景

ろいろな制約があって、私はいつも「なんと怠慢なんだろう。自分ならもっといい保育園をつくるのに」と思っていました。

そのときは、まさか自分が保育園をつくるなんて考えてもいませんでしたが、いよいよ明日の暮らしが成り立たないとなったときに、ふと、そのときのことを思い出したのです。

開園当時、私は36歳、妻は34歳。若い夫婦が運営する保育園に、果たしてお母さんたちは子どもを預けてくれるだろうか。心配は心配でしたが、これに賭けるほか、私たち夫婦に策はありません。

社会福祉事業団という国の融資機関から約

5000万円を借り入れ、親切な農家の方がわずかな借地料で提供してくれた田んぼに建物を建て、「社会福祉法人愛誠会　なかよし保育園」をオープンさせました。

学校づくりの始まりは、まさに無一文からのスタートだったのです。

✤学校をつくりたいという夢が広がる

妻が園長、私が理事長という立場でしたが、保育園には理事長報酬がありません。それでも、「0歳児からOK、午後6時まで預かります」という方針が受けて徐々に子どもも集まり、妻の園長報酬でなんとかやっていけるようになりました。

そして、開園から2年後の1983年、39歳で臨んだ県議選で、私は無事初当選を果たすことができました。

議会の仕事の合い間を縫って、私は理事長として運動会や入園式、卒園式などの行事のため、ちょくちょく保育園に訪れるようになりましたが、この訪問が私には楽しみでしかたがありませんでした。

朝から晩まで子どもたちの歓声がこだまし、ワイワイガヤガヤ、元気よく走りまわる、その勇躍元気な子どもたちの姿。園内は一日中、音楽で満たされています。


保育の集大成として行われる発表会、演奏会では、明るく、楽しく、のびやかに成長を促し、ひとりひとりの個性の輝きさえをも楽しむことができるというのは驚きでした。それは園児の成長を願い、日々園長を中心に職員、保育士が一丸となって熱く保育に取り組むチームワーク、情熱の賜物でしかないと感じ入ったものです。

苦しい生活から抜け出すために始めた保育園ですが、私がその存在意義に気づくのに時間はかかりませんでした。

「無限の可能性を秘めた子どもたちの教育とは、なんて素晴らしい仕事なのだろう」

その一方、県会議員としての活動のかなりの時間を、私は教育の議論に費やしていました。

当時の奈良県は、大阪府の衛星都市、ベッドタウンとしての性格が強く、山間部を除いて県内から大阪に多くの人が通勤していました。

また、この時期は全国的に高校生が急増し、奈良県でも毎年高校を3、4つ、ある年には5つつくり、それでも足りずに大阪の私学へ5000人ほども通っていました。「県立高校をどこへつくるか」「校名をどうするか」「大阪の進学校へ県内の生徒が通うのは、重大な人材の流出ではないか」

文教関係の会議では、いつも高校建設についての議論が沸騰していました。保育園を通じて知った、教育という仕事の神聖さと高潔さ。そして、奈良県での逼迫《ひっぱく》した高校不足。二つの点が、私のなかでしだいに一本の線でつながっていきました。

✲資金ゼロからの学園づくり

なかよし保育園開園から3年後の1984年夏、私は頭のなかで練りあげた構想を吐き出すために、ひとりの青年の家を訪ねました。

その青年とは、初期の西大和学園で事務全般を預かることになる松本伸司さんです。奥さんが私の従妹ということで、彼とは親戚関係にありましたが、私よりひと回りほど若い彼は人当たりも頭も柔らかい。同じ五條市出身で、出身大学も同じという共通点もあって、ずっと親近感を抱いていました。

突然の、しかも夜中の訪問に驚いた様子の松本さんでしたが、あいさつもそこそこに、私は切り出しました。

「実は、奈良県内に学校をつくろうと思ってるんや」

「へえ、学校。いいですね」

「それでな、君にもぜひ手伝ってほしいんや」

「いいですよ。なんでも言ってください」

こちらは意を決して一大プロジェクトの構想を語っているというのに、拍子抜けするほどの快諾です。

「本当にいいのかい？　君、今は特許事務所に勤めていて忙しいんだろ？」

「はあ。でも、仕事が休みのときにはお手伝いできると思います」

「いや、もし手伝ってもらうことになったら、このプロジェクトに専念してほしいんや」

「プロジェクトって。近所で塾か何かをやるんでしょう？」

すっかり勘違いされていたようです。私は改めて、一から説明し直しました。

自分は今、政治家として働いているが、政治と教育は切り離すことができないものであり、日本の将来を思うと、次世代を担う青少年の育成が大切であること、そのために、県内に優秀な私立の高校をつくりたいと思っていること――。

「でも、実は土地の確保や資金の調達はこれからで、できるかできないかは今のところ五分五分なんや」

「なるほど。まだ構想の段階というわけですね」

「それでも、実現したいという思いは強いんや。松本くん、君の返事しだいで、俺の腹も決まる」

3カ月後、ついに「高等学校設置準備事務室」が設置されました。

といっても、設置場所は五條にある私の自宅、メンバーは私と、特許事務所を退職してきたばかりの松本さんのふたりだけです。なかよし保育園と同じく、高校づくりも最少メンバーにして経験者ゼロ、資金ゼロからの出発でした。

✤最大の難関、土地探し

学校づくりで最初にやることは、建設する施設を学校法人の高等学校として県知事に認可してもらうことです。県としては高校が足りない上に、県でつくれば数十億はかかる事業を私学でやるというのですから大歓迎。これはすんなりゴーサインが出ました。

初期の段階で一番難航したのは、建設用地の確保でした。

学校建設に適した土地というのは住宅用地などに比べ、膨大な敷地を要します。多くの不動産屋に協力を求めましたが、そう簡単に土地は見つかりません。時代もバブル景気の最中。地主も不動産屋も強気でした。

探しに探し、断られ続けたなかで、私のイメージにピッタリの土地に出会いました。

最寄り駅はＪＲ大和路線の王寺駅。

この駅は2社4路線が乗り入れる、県内でもっとも乗降客数の多いターミナル駅で、大阪、京都、和歌山各府県からのアクセスも良好です。
また、四方を美しい山並みに囲まれた丘陵地である一方、近くには西大和ニュータウンなどもでき、全国屈指の人口急増地帯となっていました。ニュータウンがあるということは、若い夫婦の子育て世帯が多く、教育に関心がある人もそれだけ多いということです。

この土地は、もともとニュータウン建設の住宅開発会社が持っていましたが、地主さんたちになかなか売ってもらえず、買収できない土地が虫食いのように点在していました。だから、なかなか開発ができないまま放置されていたのです。住宅開発会社はショッピングモールとしての買収をすでに諦めていましたが、私は諦めませんでした。

なんとしてもこの土地が欲しい！

こんな条件のよい場所は、もうどこを探しても見つからないと思ったのです。購入の意思を住宅開発会社に告げると
「ここは20年も30年も塩漬けになっている土地だから、原価で売ってもいいですよ。プロ

造成中の土地

開校当時の王寺駅付近
よりの学園遠望

の私たちが住宅開発できないのだから、よほどの苦労がいるとは思いますが、それを厭わないなら話をつけてきたらどうですか？」

　そう言って、５人ほどの地主さんを紹介してくれました。

　私は松本さんと共にさっそく地主さんの元へ伺いましたが、その反応はなるほど、開発会社の担当者が言っていた通り。

「お前たち、この土地のことを誰から聞いた？　あそこの開発会社か。だったら一切聞く耳を持たないから帰ってくれ」

どうやら開発会社との交渉がこじれにこじれていたらしく、地主さんの半数以上から門前払いを食ってしまいました。それでも、なかには学校設立の趣旨をじっくり聞いてくれた方もいる。「可能性はゼロではない」と、その日から朝がけ、夕がけ、夜がけで地主さんたちのところへ毎日のように押しかけ、話し合いを続けました。

よくよく話を聞いてみると、地主さんたちの多くは「先祖代々譲り受けてきた大切な土地だから、絶対に売りたくない」という意見でした。ならば、地主さんたちが土地を手放すことなく、私たちもまとまった土地が確保できる折衷案さえ見つかれば、問題は一挙に解決するはずです。

松本さんや、用地提供に友好的な地主さんとも知恵を絞った結果、私たちはこれぞベストというアイデアを思いつきました。虫食いの土地を道路沿いに集めて、そこを地主さんたちの土地にしてもらうという案です。

仮に地主さんたちが商売をするなら、雑木林の奥の土地より道路沿いがよいに決まっています。しかし、学校はなにも道路沿いである必要はありません。道路沿いには6メートル程度の道を1本引けさえすれば、そこを校門にして、あとは奥まったなかに校舎やグラウンドをつくればいい。授業を行う学校にとっては道路に面したやかましい土地より、むしろこのほうがふさわしいのです。

この折衷案を携え一軒、一軒、地主さんを訪ねると、先祖の土地は残り、しかも好立地の場所に移転できるということで、無事みなさんに納得していただけました。このとき私は41歳。松本さんは27歳。若さなりの熱意で押し切った粘り勝ちです。

✤プレハブ小屋での生徒集め

好条件が揃ったまたとない立地が手に入ることになりました。

しかし、この時点でも自己資金はゼロ。

銀行の融資を受けなければ、せっかく土地が見つかったのに、学校はつくれません。

私と松本さんは融資をお願いしに銀行をまわり、なんとかある都市銀行の担当者に現地を視察してもらう約束を取りつけました。

視察当日。祈るような気持ちで担当者の反応をうかがっていると……。

「田野瀬さん。なんぼでも貸します。ここはいい。この学校はきっと人気になる」

この銀行マンによれば、成功する私学の立地条件は三つ。

「交通の便がよいこと」

「小高い丘の上にあること」

「近くにニュータウンがあること」

だそうです。


つまり、私がどうしても手に入れたかったこの土地は、プロの目から見てもパーフェクトだったわけです。おかげで、自己資金ゼロにも関わらず、政府系金融機関を含む3行からの融資で資金調達もクリア。開校予定まで残り1年足らずという段階で、クヌギにおおわれた雑木林の造成工事が、いよいよ始まりました。

このころになると、県立高校の設置事務経験のある先生や、女性の手も必要とのことで駆り出された姉の松本喜久子など、徐々にメンバーも増えてきました。そこで、拠点となる設立準備事務局をつくることになったのですが、一時期だけの施設に余計な出費ができるほど資金があるわけではありません。

結局、造成中の校地の片隅に、自前で2階建てのプレハブ建築1棟をつくり、そこを拠

西大和学園高等学校、竣工写真。昭和61年4月

点とすることにしました。建設現場でよく見る、あの青いプレハブ小屋です。

数カ月後、この「我らが城」に加わったのが、嶋田健男先生です。

県立高校で体育教師をしていた嶋田先生とは、同じ五條出身という縁で出会いました。筋の通った好漢で、運動部顧問としての指導力もじゅうぶん。嶋田先生のほうも、私の学校づくりの夢に何か感じるところがあったようで、「骨をうずめさせてもらいます」という言葉とともに、設立メンバーに加わってくれました。

ゼネコンとの交渉や教員募集など内勤中心の松本さんと、近隣の中学を中心に生徒募集の営業に駆け回る嶋田先生。初対面の二人がすぐに打ち解けたのは、やはりお酒がきっかけでした。

営業活動を終えた嶋田先生が、吹きすさぶ木枯らしに身を縮めながらプレハブ小屋に戻ると、一升瓶を手に松本さんが待っている。ストーブの上でほどよく焼けて反りかえったスルメをつまみに、互いの仕事の成果や、すぐ隣で完成間近の校舎について語り合う。それが、激務のささやかなご褒美でした。あまりに毎晩、酒宴が続くので、姉の喜久子に酒瓶を隠されたこともあったようですが。

姉の喜久子には当初、お茶くみや男所帯である事務所の整頓など、雑用をお願いしていましたが、制服のデザインを担当するなど、女性ならではの手腕を発揮してくれました。このように、適材適所の〝手づくりパワー〟で、西大和学園は徐々に形になっていったのです。

✤収まりきらない受験生の長い列

晩秋から年末にかけて行った学校説明会は、ホテルなど既存の施設ではなく、事務局の

第一回高等学校入学願書受付風景

フェンスに貼り出された合格発表の掲示板

隣にもう一棟建てたプレハブ小屋を会場としました。

その意図は、何も節約だけではありません。生徒や保護者に足を運んでもらい、立地条件の良さや、真新しい校舎が今まさに完成しつつあるところを見ていただきたかったのです。

学校説明会は計4回行いましたが、1階と2階にぎっしりと敷きつめたパイプ椅子はいつも満員で、2階の床が抜けるのではないかとヒヤヒヤしたほどでした。

年が明けて1986年2月1日。第1回入学試験の日がやってきました。受験者はなんと2327名。とても校舎だけでは収容しきれず、好意で貸していただいた県立畝傍高校も会場となりました。

西大和学園のほうでは、学校前の長い坂に延々と受験生の列ができ、悲鳴を上げるような忙しさでした。

廊下のところどころに工事用のカーペットが敷かれ、乾き切らないペンキの匂いが漂うなかでの入学試験。そして春4月、晴れて218名が学校の門をくぐりました。

戸惑い、怒り、途方に暮れながらも、日本一の進学校を目指す学園のたしかな礎となってくれた、大切な西大和1期生たちです。

第3章

熱血教師たちの受験戦争

✤学校の混乱は続く

2年目を迎えた西大和学園の敷地内では、毎日のようにブルドーザーやトラック、工事を請け負う人々が慌ただしく行き交っていました。

生徒たちが待ちに待った食堂や部室、来年開校が決まった中学校など、新しい施設や校舎の建設ラッシュに沸いていたのです。中学校開校で生徒数が増えることを見越して、グラウンドの拡張工事も始まりました。

建設の槌音が響くなか、教室では授業、また授業の日々。通常の7限授業に加え、英・数・国の主要3教科を強化させる目的で、通称「ゼロアワー」と呼ばれる始業前、早朝7時半からの補習も行っていましたから、草創期の生徒たちの頑張りには今さらながら頭が下がります。

この年の9月には第1回文化祭も行われました。文化祭実行委員会によって考案された文化祭のテーマは

「Ｗｅ ａｒｅ ｇｒｏｗｉｎｇ ｕｐ－しかし、悩まずにはいられない」
勉強、部活、進学、恋愛、友達、人生、もしくはそのすべて……。彼らは何に悩んでいたのでしょう。この時期の生徒たちの心情がかいまみえるフレーズです。また、皮肉にも、このフレーズは当時の教員たちの心境さえも見事に言い当てていました。

ハード面の充実とともに行事も増え、学校としての体裁が整っていくなか、進学路線への完全移行をめぐって、教員たちの溝は深まり硬直化していました。特に、体育教師たちはかたくなでした。主要教科担当の先生たちが
「通常の授業だけでは時間が足りません。補習をしなければ、授業についていけない子たちがどんどん落ちこぼれてしまいます」
と説明しても、自分たちの主張を譲ろうとはしません。
「なにも勉強をするなと言っているわけじゃない。授業中にしっかりやらせてください。ただし、こっちも部活は部活でしっかりやらせてもらいます」

✿体育系クラブの躍進

西大和学園の体育系クラブは、開校2年目にして早くも結果を出し始めていました。特にサッカー部の活躍は目覚ましく、開校初年度の新人戦から、奈良県でベスト4の好成績を残しました。主力を2年生で固める他校に対して、こちらはオール1年生のチーム。しかも、ベスト8を賭けた一戦では、全国選手権出場校を下したのですから、この結果は快挙と言っても過言ではありません。

このサッカー部を率いていたのが嶋田健男先生。青いプレハブ小屋を拠点に、受験生募集の営業に駆け回ってくれた学校創設メンバーのひとりです。

嶋田先生は、奈良県の県立高校で非常勤講師をしながら、サッカー部を指導していました。学生時代には「一生サッカーに携わるなら教員しかない」と、保健体育の教員免許が取れる大学に入り直したというほどのサッカー大好き人間。その熱意と指導力は相当なもので、指導2年目にして県立高校は全国選手権に出場、3年目には全国ベスト8まで勝ち進んでいます。

彼の夢は、ずばり「日本一のチームをつくること」でした。

「全国制覇に向けて、すでに技術指導のノウハウはつかんでいる。あとは、身体能力だけでなく自己コントロールもきちんとできる生徒たちに、その指導をほどこすだけ」

そう思っていたところへ、私から「スポーツも勉強もハイレベルな高校をつくりたい」と声をかけられたので、躊躇なく学校づくりから参画してくれました。

実は、1期生のサッカー部員の多くは、中学時代に奈良県選抜メンバーとして活躍していました。みんな、嶋田先生が西大和学園へ転勤すると聞きつけ、「嶋田先生のもとで日本一を目指したい」と受験に臨み、入学してきたのです。奈良県のサッカーエリートばかりですから、1年生チームといえども強いわけです。

体育教師のなかには、私と嶋田先生でスカウトに行った先生もいました。柔道、剣道、バレーボール……。それぞれの部活で指導力を発揮していた先生ばかりで、サッカー部と同じようにその先生たちを慕って、夢をもって入学してきた生徒もたくさんいました。

先生も生徒も、打ち込んできたスポーツで夢をかなえるために、この学校を選んでやってきた。だから、体育教師たちは易々と進学路線への変更を受け入れるわけにはいかなかったのです。

✿体育教師たちの抵抗

職員会議では、部活動の処遇について話し合われる時間が増えていきました。

「放課後は補習と部活、どちらを優先するか」

「成績の悪い生徒は部活を休ませたらどうか」

「部活動は週3日、いや2日でいいのではないか」

職員会議の進行役は、創設メンバーの松本さんでした。彼には事務局長として学校事務全般をみてもらうとともに、企画調整課長という役目も引き受けてもらっていました。要は、進学推進派と改革否定派の調整をうまくやってくれということです。

しかし、人づきあいのバランス感覚に優れた松本さんをもってしても、これは難しい作業でした。部活動の短縮が議題に上がると、年長の嶋田先生を筆頭に体育教師たちは全員欠席。これでは議論にもなりません。

創設メンバーとしてあれだけ苦楽を共にしてきた松本さんと嶋田先生も、いつしかほとんど話をしなくなっていきました。

体育教師たちが職員室にあまり顔を出さなくなったのは、このころからです。出勤するなり、授業を終えるなり、彼らが向かうのは体育教官室でした。

体育館の2階にある体育教官室は、ガラス越しに体育館が見下ろせ、窓からはグラウンドも一望できます。

「運動する生徒たちを見守っているだけです」

「ここのほうが授業や部活にすぐ行けるので」

と言われたら、他の教員たちは何も言えません。

「彼らは教材も日用品も持ち込んで、立てこもりのような状態になっています。これでは職員室の空気も悪くなる一方です」

他の教員たちからそんな相談が持ち込まれるようになり、私は嶋田先生を呼んで「教官室に行ったままということは、これからは許可しない」と告げました。

この一件以来、西大和学園ではどの教科でも教官室というのをなくしました。大きな場所に集まって、みんなに聞こえるところで話をしようという姿勢の表れです。

✻明け方まで続いた体育教師との話し合い

「とにかく、このままではいけない！」

彼らと率直に話をすべきときが来たと思いました。

派閥で固まっていたら、お互いが否定的な感情を膨らませる一方です。足を引っ張りあっているだけでは何も生まれません。

私は、体育教師のなかでリーダー的存在である嶋田先生に電話をして、「今晩、体育教師全員、部活のあとにいつもの店に集まってほしい」とお願いし、最後に付け加えました。

「今日、私と話し合いをすることは、校長や教頭にも、他の先生方にも絶対に言わないでほしい」

これは体育教官室の一件にも言えることですが、見えないところで集まっていると、まわりの者は「何か画策しているのではないか」「自分を誹謗中傷しているのではないか」と不安や疑念をついつい抱いてしまいます。それに、校長、教頭には申し訳なかったのですが、第三者が入ると彼らは遠慮して本音を吐き出せない。それでは、顔を合わせる意味がないと思ったのです。

進学路線の話がもつれて以来、彼らと打ち解けた場所で顔を合わせるのは久しぶりでした。私も覚悟を決めてきましたが、彼らも、私が全員を呼んだことで、何かを悟っていたようで、腹を決めた、どこかさっぱりした顔をしていました。

私は改めて、中途半端な文武両道の学校にしたら、長くは持たないこと、学校の将来を考えるなら進学路線をまず進めていきたいこと、そして、進学校にするのはガリ勉をつくることだと思っているかもしれないが、決してそうではないということを、彼らに伝えました。

「自分は日本をより良い国にしていきたい。そのためには世界で活躍できる人づくりが一番だと思っている。だからこそ、大きな志を持てるような子どもたちを育てていきたいんや。どうか、分かってほしい」

その日は、彼らと朝4時まで飲み明かしました。黙って飲み続けていた者もいれば、はしゃぎ続けていた者もいます。でも恨み事をいう者はいませんでした。そんな彼らを見ながら「君らが誇れる学校に必ずしていく。君らが輝ける場所を必ずつくる」

と、心に誓いました。

この日の会合はあくまで極秘のはずでしたが、残念なことに翌日には全教員に知れわたってしまいました。近くのホテルに部屋を取り、全員へべれけ状態で寝入ること数時間。「マズい！」というひとりの大声で飛び起き、時計を見たら朝の9時。体育教師全員が大遅刻してしまったのです。

1時限目の体育の授業は、非常勤の先生がピンチヒッターでやってくれて、なんとか事なきを得ましたが、職員室内は「あいつらが酒に酔ってのっぴきならない事件を起こした」と大騒ぎになっていました。

✲突然の部活動規制令

数週間後、いつものように練習を終えたあと、嶋田先生は部員全員をグラウンドの隅に集めました。期末テスト前の最後の練習は、いつも以上に激しかったのか、3月の冷えた空気のなかでも部員たちの顔は汗ばんだままです。

チームづくりは計画通り、順調に進んでいました。東京の帝京高校や長崎の国見高校といった選手権の常連校を招いての練習試合でも大きな手応えを感じていました。この2年間で技術的な部分はほぼ教え込んでおり、来月からは大学のサッカー部や日本リーグの下位チームと実戦を積ませながら、スピードや当たりの強さを体感する段階に進むはずでした。そうすれば、インターハイ初出場で全国ベスト8もじゅうぶん狙えるチームだと。

もうひと息だったのに――。込み上げる気持ちを飲み込んで、嶋田先生は部員たちに切り出しました。

「大事な話だから、よく聞いてくれ。今後、部活は週3回になるからな。それから、部活に出られるのは2年生の3月までになったからな」

誰も声を上げない。いや、声が出ない。部員たちの顔は固まっている。ようやく、2年生の部長が声を押し出しました。

「来月になったら……3年生になったら、僕らは部活ができないゆうことですか?」
「そうや。3年生は部活なしや」
「じゃあ先生、俺たち7月のインターハイとか出れないんですか?」
「4月からは勉強に専念して……大学を目指して……お前ら頑張れ」

竹刀を片手に廊下を歩けば、生徒の誰もが恐れをなしてよけていく。そんなこわもての嶋田先生が、今、目の前で声をふるわせ顔をくしゃくしゃにしている――。

嶋田先生の泣き顔を見ないように、部員たちはずっと下を向いていました。

かくして体育教師の意識も進学校路線へと傾斜していったのです。

✻スポーツオタク、勉強オタクになるな

部活を取り巻く環境が変わってからも、限られた時間のなかで、サッカー部はベストを尽くしてくれました。サッカーを通して、奈良県内に「西大和学園」の名を浸透させてくれました。

この年、全日本選手権に出場したのは奈良県立上牧《かんまき》高校でした。現在は統合して西和青陵高校と名前が変わっています。西大和学園より2年早く創立した上牧高校（現西和青陵高校）のサッカー部には、中学時代の奈良県選抜メンバーもたくさんいました。西大和学園合格を逃して上牧高校へ行った生徒も数名、西大和学園の部員とは元チームメイトの間柄でした。

国立競技場で躍動する上牧勢をＴＶ中継で見ながら、西大和学園の部員たちは、きっと複雑な思いを抱いたことでしょう。

あいつら全国か。すげえな。でも、ちょっと悔しいな——。練習試合ではいつもいい勝負をしていたのにな——。

俺も西大和に落ちて、上牧に行っていたら――。

3年間、部活ができていたら――。

それでも、試合に負けて「他の学校のヤツらは毎日練習をやっているし」「うちはどうせ進学校だから」とこぼしたり、開き直っている部員がいると、嶋田先生は必ず一喝しました。

「それを言い訳にしたら一生負け犬になる。それは逆やぞ。条件が揃って勝っても、それは当たり前。条件が揃わない、環境が整わないなかでちょっと頑張ってみろ。1、2年やで。そこで頑張ったらすごいぞ。どっちが評価が高い？　俺らはそこを追求しよう」

成績の悪い部員には

「赤点が三つ以上あったら、次の試験まで休部にする」

と厳しい条件を出すこともありました。

嶋田先生が部員たちに勉強を頑張らせたのは、西大和学園の方針にただ従っていたわけではありません。前任の県立高校時代から、「成績はきちっとしておけ。こつこつ毎日頑張るのは勉強もサッカーも一緒だ」と部員たちに繰り返し言っていたそうです。

「文武両道というのは半々じゃなくてもいい。９割サッカーでもいい。一番駄目なのはサッカーオタク、勉強オタクになってしまうことだ。自己管理ができないまま社会に出ると、ひとつの失敗ですぐ挫折してしまう。失敗を乗り越えて成長できるよう、教師が素地をつくらないといけない」

それが、嶋田先生の持論です。

嶋田先生は進学校を目指す西大和学園にとって、なくてはならない先生でした。進学校で進学指導と同じく、いや、それ以上に大切なのは生徒指導です。生徒指導がきちんとできていなければ、生徒は心身共にすさんでいき、学校は学びの場ではなくなります。

嶋田先生は限られた時間のなかでサッカー部を指導する一方、生活指導部長としても相変わらず熱心に生徒たちをみてくれていました。

だから、私は全く気づかなかったのです。

「サッカー部員の子たちは、自分以上に夢を持ってここへやって来た。その夢を、ほかでもない自分が諦めさせてしまった。もう、ここにいるわけにはいかない。学校をやめよう」

教え子たちに部活規制を告げたときから、嶋田先生が心ひそかにそう思い続けていたことを。

✿関大20人合格が最初の目標

教員たちのベクトルが、ようやく同じ方向に向かい始めたことで、進学路線への変更にも本腰を入れて取り組めるようになってきました。となると教員や子どもたちが一丸となって目指せる、具体的な目標が必要となってきます。

最初から、東大・京大に何人というのはハードルが高すぎる。どこの大学に何人進学を目指すべきか――。模索していたある日、職員会議でひとりの先生が新聞を広げて見せて、ひとつの提案をしました。

「この新聞に載っているランキング入りを目指すのはどうでしょう」

当時は毎年3月になると、大阪新聞は「大学合格者高校別ランキング」を紙面で掲載していました。関関同立、すなわち関西、関西学院、同志社、立命館の有名4私大について、合格者数が多い順に100位まで、高校名がズラリと並ぶ。調べてみると、掲載が一番早いのが関西大学（関大）でした。

このランキングにいきなり、しかも、いの一番に「西大和学園」の名前が出るのは、世間的にもかなり大きなインパクトを与えるはずです。

過去数年のランキングから判断しても、関大１００位以内に入るために必要な合格者数は最低20人。現時点での生徒たちの学力を考えると、「ひじょうに高いハードルだが、可能性がまったくゼロというわけではない」というギリギリの線です。

「思いきって目指してみよう。関西大学へ20人以上合格させよう」

これで明確な数値目標が決まりました。

✤恐れずどんなことでもやってみる

全国模試で偏差値40台をうろちょろしている生徒もたくさんいただけに、前途は多難。教員たちも授業のレベルアップに関してはまだまだ手探り状態です。そこで、私は教員たちに指示を出し、全国にある中高一貫の私立進学校へどんどん視察にいってもらうことにしました。私が高校をつくったときと同様、先達の意見や生の授業に触れることが何よりのヒントになると思ったからです。

主要メンバーは高1の学年部長である平林先生を筆頭に、教員2期生の今村先生、上村先生、そして、事務局長の松本さん。全員が20代という若くて改革スピリットにあふれる視察団です。

まず、『サンデー毎日』の東大・京大上位ランキングを軒並みチェックして、めぼしい学校をピックアップする。そして、定期試験のときに試験監督の割り当てから外してもらい、彼らは交代でさまざまな進学校を訪ねていきました。

視察というと、数時間の見学というイメージですが、彼らの場合は違います。

「吸収できるものは、とことん吸収してこい」

と、私も煽り立てるように言っていたので、長いときで1週間もひとつの高校に密着したこともありました。そして、恒例となった私との飲み会で、興奮しながら語り合うのです。

「あの授業はすごかったよなあ！」

「うんうん、子どもを育てるちゅうのは、ああいうことなんだよなあ」

その報告のなかには、改革へのヒントやアイデアがたくさんあったので、私は忘れないようにテーブルの上にある箸袋に急いでメモして、胸ポケットに放り込んでおきます。そして、いい企業はすぐに、どんどん取り入れていきました。

当初のカリキュラムや行事の多くは他の私立中高を参考にしたわけですが、いいものを迷わず取り入れたからこそ、西大和学園は短期間で成長できたのだと思います。

✽トップ進学校はチャイムの音が違う

以下は、主要メンバー４人が鹿児島のラ・サール中学校・高等学校を視察したときの訪問記です。若い彼らの興奮と、珍道中ぶりが伝わるのではないでしょうか。報告してくれたのは松本さんです。

〈いつも他校を訪ねるときは、まずアポを入れた前日に行って、校門で生徒をじっくり観察するんです。ラ・サールでも、もちろんやってみました。

ちょうど、校門の前にお好み焼屋があったので
「ここにおったら生徒が来て、あれやこれやと学校のことをしゃべるやろう」

と張り込みをしてみましたが、お好み焼きを焼いて待てど暮らせど、結局生徒は誰も入

ってこない。張り込み失敗でした。

気を取り直しての訪問初日。先生方にじっくり聞きたいところですが、正攻法でいってもなかなか秘密を語ってはくれません。そこで、初日の昼間は適当に聞いておいて、夜のお誘いをするんです。これがいつもの戦法です。

「僕ら鹿児島に初めて来たんですけど、どこかおいしいところはありませんか？　よかったらご一緒にどうですか」

「そうですか。じゃあ、せっかく遠くから来てくれたんだから行きましょうか」

先生方と飲みに行き、翌日からも毎晩飲みにいく。そして聞きにくいことをどんどん聞くという具合です。

一番知りたかったのは英語の授業でした。うちではごく一般的な教科書を使っていましたが、名門私学は教材が全然違うらしい。でも、どこに聞いても教えてもらえない。ところが、こちらの熱意が通じたか、毎晩の酒宴が功を奏したのか、ラ・サールの先生は「これを使ってるよ、どこもそうだよ」と教えてくれました。

こうなったら、ダメもとでなんでもお願いしてみよう。

「授業も見せてもらっていいですか？」

ぶしつけなリクエストをすると、「いいよ」とあっさり。こうして、初めて名門進学校の授業風景を見学させてもらうことができたわけです。

これもまた、驚きの連続でした。

一番ビックリしたのは、オン・オフの見事な切り替えです。生徒たちは休み時間に廊下でワーッと暴れたりしている。これだけなら、うちとまったく変わらないですよね？　ところが、授業が始まったら全然雰囲気が違うんです。いきなり集中力が高まる。一方の先生も、始業チャイムが鳴ったらいきなりワーッと授業を始めます。起立も何もない。

「はい、○くん、これは？」

「○○です」

予習は当たり前で、教科書を全部読むことはない。

「はい、○行目のここはこう。○くん、これはどう？」

そのやり取りが続き、終わったら先生はサーッと帰る。すると、生徒たちはまたワーッと騒ぐ。横で見ていた今村先生が思わず叫びました。

「なんやこれ、まるでマジックを見てるみたいやんか！」

授業を終えた先生に、さっそくマジックの種明かしを聞いてみました。

「簡単です。まず、必ず授業開始の1分前に教室に入る。行ったら窓を全部開ける。次にチャイムの20秒前に窓を閉める。窓を閉めだしたら生徒が教室に入ってくる。それがクラスの呼吸になっているんですよ」


これは、ぜひ取り入れたい。

「うちの先生全員にやらせよう」

「校長先生が、10分前になったら職員室で先生らに『さあ、出て行け！』と叫ぶのはどうや」

冗談を交えながら、西大和スタイルにカスタマイズする方法を話し合いました。そのなかから出てきたのが「チャイムが鳴る1分前にサイレンを鳴らす」というアイデアです。

「しかしサイレンやったら火事と間違えへんか？」

「ほんならブザーにしよう。1分前にビックリするようなブザーが鳴ったら、生徒は反射的に教室へ入るし、先生らも職員室を飛び出して教室へ向かう」

「あとはチャイム。うちのは『キーン　コーン　カーン　コーン』とえらいノンビリしてて、あれでは子どもらも気持ちがダレてしまうよな」

「その通りや。ボクシングのゴングと一緒でカーンだけでええ。『ブー！』の1分後に『カーン！』、これで行こう」

少し音は変えたものの、このアイデアはさっそく採用となりました。とにかく一番大事なのは、きちっと時間通りに授業が始まり、きちっと終わることなんです。そのためにも、教員は体で時間を覚えなければならない。これまでの西大和学園では、チャイムが鳴ってから教師は職員室を出ていました。これだと教室に着くのに約2分のロスです。2分のロスが1週間で74分。1年間では約60時間、中高6年間では実に350時間以上の授業時間を無駄にしていたのです。そのことを、ラ・サールの授業は教えてくれました。

✿自習室の失敗

若い教員たちが仕入れてきて、採用したアイデアのなかには、もちろん失敗も数えきれないほどありました。

印象的な失敗は1クラスを30人にした少人数学級制、習熟度別クラスなどです。進学校においてはクラスにより多くの競争相手がいた方が切磋琢磨し、成績の底上げになるのです。習熟度別クラス分けも低いクラスの生徒たちに劣等感が広がりモチベーションを上げることができないとわかり、即とりやめました。

関西圏だけではなく、全国からも優秀な生徒が集まってくるようにするためには、やはり寮が必要です。そこで、寮を置く全国の私立進学校を視察してきてもらいました。その報告のなかで、注目したのが「自習室」です。

ほとんどの子どもたちは自分の部屋ではなく自習室で勉強し、先生たちはちょっと高いところに机と椅子を置いて監督していたそうです。

「これはいい、まだ寮はないけど学校に取り入れよう」

さっそく図書室を半分潰し、一人ひとりが集中して勉強できるようにパーテーションで仕切った、個人ブース式の自習室を完成させました。

でも、このアイデアはちょっと時期尚早でした。プライバシーが十分保たれているブースのなかで、肝心の生徒たちはスヤスヤ寝ていたり、漫画を読みふけっていたり。

「なるほど。放っておいても勉強するラ・サールの子たちならこれもありやけど、うちの子らには格好のサボりスポットになってしまうんやなあ」

総工費数百万円の自習室は、１週間もしないうちにあえなく取り外しとなりました。取り外したパーテーションは長らく無用の長物となっていましたが、５年後、見事に復活を果たしました。文化祭で生徒たちがつくった迷路の壁という使い道ではありましたが。

私は前向きな失敗ならどんどんしていいと思っています。

完璧な人間などいませんから、失敗はつきものです。なんとか修復しようと試み、あらゆる手を打った末の失敗なら、反省して次に挽回すればいい。必ず次の成功につながります。

一番いけないのは、失敗しそうだと思ったときに何も考えず、手を打たず、責任放棄してしまうことです。私は怒りっぽい人間ではないのですが、唯一、教員たちがこんな無責任な失敗をしたときだけは、それはもう烈火のごとく怒ります。仲間や生徒たちの信頼を失うような行為は、本人の成長にもつながらないからです。

こうしたことを念押しした上で、彼らにはどんどん新たなことにトライしてもらいました。

✽クーラーのない教室と生徒の逆襲

1期生から3期生あたりの卒業生に高校時代の思い出を聞くと、誰に聞いても出てくるのが次のふたつ。

「クーラーがなくて暑かった」
「夏休みがなかった」

不動の2トップです。

新カリキュラムに沿って、定期休暇を大幅短縮した結果、この時代は夏休みが10日間、冬休みは1週間、春休みは3日間程度となりました。でも、休み中には面談や補習も入ってきましたから、実際はもっと短かったと思います。生徒たちにとっては「年中無休」の印象が強かったのではないでしょうか。

教室には暖房と送風機はついていましたが、開校3年目あたりまではクーラーなし。夏休みは、それこそ暑さとの闘いでした。

主要教科は習熟度別授業を行っていたので、ひとクラス40人以上というクラスもありました。教室はすし詰めの蒸し風呂状態です。男子クラスに限ってですが、先生の「ズボン脱いでええわ」というひと声で、生徒全員パンツ一丁で授業を受けた日もありました。

合い間に体育の授業などを入れて、リフレッシュできるように配慮しましたが、教科担当の先生は室温40度を超える教室をまわりながら、一日2、3時間連続で授業を行うこともザラでした。

「だんだんフラフラしてきて、熱中症寸前になることも。あまりに身の危険を感じたときは急きょ小テストを実施して、テストの間だけ廊下に避難するんです。『先生だけズルい！』と生徒に文句を言われないよう、さりげなく教室を出るのがポイントです（笑）」

そんなサバイバル法を教えてくれたのは、数学担当の上村先生です。

慣れない勉強漬けで、生徒もストレスが溜まっていきます。

「うちの子が家でイライラして困っています。廊下にサンドバッグを吊るして、発散させてください」

親御さんから、こんな提案をいただいたこともありました。

でも、やんちゃ盛りの生徒たちですから、おとなしく先生たちの言うことを聞いていたわけではありません。

クラブ活動は週3回、高校2年生までという決まりがありましたが、なかにはどうしても部活に出たい生徒たちもいます。彼らはどうしたか？　授業後の小テスト中、先生が席を外している間にこっそり教室を抜け出し、ちゃっかり部活へ合流。そしてころ合いを見計らって教室に戻り、何食わぬ顔でテストを提出するのです。

ほかにも、正式にはクラブに在籍せず、言わば〝もぐり〟部員として先生の目を盗みながら部活を続けていた生徒もいれば、文化祭実行委員会や体育祭実行委員会の委員になって、部活ができないモヤモヤを発散させていた生徒もいます。先生たちが子どもの学力アップに知恵を絞る一方、生徒たちは生徒たちで持てる知恵や工夫を総動員して勉強漬けの日々を乗り越えていたわけです。

生徒たちの〝逆襲〟のなかで、先生が思わず「参った」してしまった、こんな出来事もありました。

ある日、高校2年生のひとりの生徒が教室にゲームを持ち込み、休み時間にクラスメートと遊んでいました。ゲームといっても、今のような携帯型の家庭用ゲーム機ではなく、「人生ゲーム」のようなボードゲームです。

我が校はゲームの持ち込み厳禁ですので、見つけた先生は当然没収。生徒のほうも黙ってはいません。

「こんなに勉強やってるんやから、ボードゲームで息抜きするくらいええやんか、何があかんのや」

「市販のもの、娯楽で売ってるものは持ってきたらあかん」

「そんなら市販じゃなかったらええんやな？　手づくりやったらええのか？」

「おお、もしつくれるもんならつくってみ」

しばらくして、同じ生徒がまたもボードゲームに興じているのを先生が発見しました。

「懲りないやっちゃな。ゲームを貸せ。没収や」

すると、生徒はニヤリと笑って

「先生、ちょっと待って。これは手づくりや」

よく見ると、たしかに隅から隅まで手づくり。しかもその完成度は市販のボードゲーム以上でした。「ほんまや。しゃあないなあ」。この勝負は先生の完敗。先生は「そんなんつくるヒマがあったら勉強せい」と思うより先に「この子は、こんな才能があったんやな」と感心、感動したそうです。

「勉強させたい」という教員たちと、「部活をやりたい、遊びたい」という生徒たちのこんな丁々発止のやり取りは、ほとんど毎日のようにどこかのクラスで起こっていました。

生徒と教員の年齢差は7、8歳ほどでしたから、厳しい進学指導を受けながらも、生徒たちは若い教員たちを「近所の気さくな兄ちゃん」という目で見ていたようです。

「先生はなんで先生になろうと思ったん？」

「大学時代に一番楽しかったことは？」

「結婚するとしたらどんなタイプの女の人がええの？」

など、勉強とは関係ない話題で遅くまで盛り上がる姿もよく見られました。

✿泊まり合宿で絆を深める

生徒と教員たちの絆をさらに深めたのが「勉強合宿」です。

夏休みに5泊6日で高野山へ出かけ、静かな環境で勉強に集中する「夏期勉強合宿」は、学年全員参加の行事でしたが、それ以外に、担任が自分のクラスの生徒たちを学校にひと晩泊まらせる、突発的な校内合宿もありました。

「自分のクラスは他と比べて今ひとつ団結力に欠けるな」とか「生徒の学力にずいぶんバラつきがあるな」と思った担任は一計を案じ、すぐさま事務室へ駆け込みます。

「すみません！　今日、子どもたちを作法室に泊めて一緒に勉強したいんやけど、学校のほうで布団借りてもらってええですか？」

対応するのは当時の金庫番である松本さん。教員たちの突然のリクエストには、もう慣れっこになっています。

「ほお、合宿ですか。布団は何枚ほどいりますかね」

「クラス全員と僕の分だけで。調べたらレンタルで一式3000円くらいのところもあるようなんで、ひとつよろしくお願いします」

松本さんはほうぼうの布団屋さんに連絡を入れ、大量の布団を確保。担任のほうは通常の授業を終えると、生徒たちを引き連れ銭湯へ。学校に戻り食堂で夕飯を食べたあとは、クラスの平均点が低い教科に的を絞って勉強です。やっていることはいつもと変わらないのですが、「ガランとした夜の校舎には今、自分たちしかいない」という特別な環境に、生徒たちもちょっとした高揚感を覚えつつ新鮮な気持ちで机に向かうことができます。

「よーし、みんなで布団敷くで！」

夜更けて勉強を終えると、先生のかけ声で畳敷きの作法室に布団を敷きつめ、そこからは雑談タイム。担任にふだんは聞けないようなことを聞いたり、勉強の愚痴を思いきり吐き出したり、それまでまともに話をしなかった生徒同士が、なぜかいきなり意気投合したり……。

このクラス合宿から発展して、「平日合宿」を実施した先生もいました。

金曜日の7限が終わり、帰り支度を始めている生徒たちを呼び止めます。

「お前、家に帰ってもどうせ勉強せえへんやろ？　とりあえずいったん家に帰って、飯食ってくるでも風呂入ってくるでもええから、7時までに戻ってこいよ」

そうやって成績が停滞気味の生徒たちを集め、苦手科目の自習をさせるわけです。

この平日合宿に選ばれてしまった生徒には、かなりハードなスケジュールが待っています。学校にひと晩泊まって食堂で朝食を食べたら、そのまま土曜の授業。土曜日は3時限までですが、午後からは毎週小テストがあります。それも、テストで合格点を取った者か

高野山での夏期勉強合宿

ら帰宅できる〝勝ち抜け方式〟ですから、点数が低い生徒ほど居残ることになる。「いったい俺、何時間学校におんねん」とぼやきながら、テストに悪戦苦闘する生徒もいました。

これとは逆に、生徒たちが率先して参加するような合宿の企画を立てた先生もいました。球技大会前夜、「ほかのクラスには絶対負けない！　目指せ優勝！」を合言葉に、クラス全員が泊まり込みでバレーならバレー、バスケならバスケの特訓を行うのです。一夜漬けだけに技術はそこまで上がらなくとも連帯感が高まっているだけに気合いとチームワークは抜群でした。

このように、とにかく「思い立ったら、すぐやろう」という教員たちばかりですから、トップの了解を得る間もなく、どんどん進めていってしまいます。管理職の先生方には「先日、こんなことをやりました」とつねに事後報告。当時の校長、教頭は、それは大変だったと思います。

でも、合宿を通じて担任と子どもたちはだんだん一体になってくる。それを横目で見ている隣のクラスでも「いいなあ。うちもやろう」ということになる。そんな対抗意識が、確実に団結力や学力の向上の連鎖を生んでいきました。

✻隣の担任がライバル

1年間の放浪の旅でソ連邦の無気力な人々を見て「人間に平等主義は向かない。適度な競争原理が働いてこそ、やる気が生まれる」ということに気づいたこともあって、クラス同士、担任同士が積極的に競いあうのは、私も大歓迎でした。

担任は自分のクラスに対して、自分の受け持ち教科だけでなく「すべての教科の成績を上げる」ことに全責任を持たされていました。

「1組の成績を上げるのは、1組の担任」ということです。たとえば、数学担当の今村先生でも、英語や国語の成績を上げる努力をしなければいけません。教科以外の知識は薄いので、今村先生は英語なら英語担当の教員をつかまえて

「先生、うちのクラス、どうやったら英語の成績上がりますかね？　やっぱり単語力ですかね？」

抜け駆けして情報収集したら、付け焼き刃の知識ながら英語の小テストをつくって生徒にやらせるのです。同じく数学担当の上村先生は、今村クラスの英語の成績が順調に上がっていくのを見て、当然焦ります。

「あなたのクラスは英語の時間、うるさくてしかたがないですよ」

そんな情報を小耳に挟むと、授業の空き時間に自分のクラスを見回りにいく。そんなふうに毎日張り合いながら、切磋琢磨していきました。

近年の西大和学園では「教科主任」を置いて、教科の検証や指導力アップ、スキルアップの教材を開発する動きも積極的に出てきていることから、担任の先生方も、以前よりは

自身の教科を意識する機会が増えました。それでも、「クラスをまとめる。一丸となって進学へ向かわせる」という担任力の重要性だけは、開校当時から変わりません。

私も、政治活動の合い間には極力、定期考査の成績会議や模擬試験の分析会に出席していました。理事長の肩書を持つ者が、職員室で行われるこれらの会議に頻繁に顔を出すというのは、ちょっと珍しいかもしれません。でも、担任の先生方や生徒たちが必死なのですから、私だって必死に応えなければなりません。

会議では、担任が各学年1組から順番に着席し、各学年、各クラスの平均点や度数分布が印刷された資料をもとに、分析や改善策をどんどん提案していきます。

どんなに頑張った、努力したといっても、数字に反映されていないのなら、そこには何がしかの問題があるはずです。伸び悩んでいたり、低下傾向にあるクラス担任には

「なぜこの結果になった？　先生は担任としてどんな手を打ったのか？」

私から、徹底的に原因と対処について追求します。

会議の際に気をつけていたのは、「成績が悪い、とにかく上げろ」という言い方だけは決してしないということでした。これは失敗した教員たちへの対応と同じです。生徒たち

の学力を上げるためにあらゆる努力をして、それでも結果につながらなかったのであれば、必ず改善策が見つかります。その代わり、ある教科のクラス平均が悪いことを知りながら何ら方策を講じなかったことに対しては、ときに声を荒げることもありました。

成績が悪いから怒るのではなく、責任を放棄して何もしないから怒るのです。

ひとつでも成績の悪いクラスがあると、それは学年全体としての成績を下げることにもなります。そう、教員たちは隣の担任とライバルであるだけでなく、他の学年ともライバル関係にあるのです。だから、みんな必死。自分の学年に怠けている先生がいたら、それこそ詰問攻めにして尻を叩くのです。

✿学年責任制度の採用

学年ごとに責任を持たせる「学年責任制度」は、進学校の多くが取り入れているシステムです。西大和学園でも灘校のシステムにヒントを得て、開校当時から導入していました。

学年をまとめる学年部長の職は、入口の中学1年から出口の高校3年生まで、特別な事情がない限り同じ人間が務め、他の学年と競い合いながら実績を出していきます。ひとつの学年のなかでも、若い担任たちが日々張り合っているのですから、学年部長はまさに野武士軍団を束ねる総大将のような存在です。

また、西大和学園では担任の人事権も学年部長に与えられています。

学年部長は、他の学年より少しでも優秀な先生を自分の学年に入れたい。そこで、3月になると「自分の学年に来てくれ」「いやいや、ぜひうちの学年に」と、学年部長たちがひとりの先生を取りあいすることもあります。それを調整するのが、校長、教頭の役目です。

大学受験はよく闘いにたとえられますが、私もその通りだと思います。ただし、「個人戦」ではなく「団体戦」です。

クラス全体、学年全体が「よし、やるぞ！」という雰囲気になったら、自然と全体が上がってきます。チームスポーツでも「絶対優勝するぞ」と全員の気持ちがひとつになったら、勝ち進むごとに実力以上の不思議な力を発揮することがあります。ワールドカップで優勝したときの、なでしこジャパンがまさにそれを体現していました。同じことが大学受験にも言えるのです。

中高一貫なら6年間、しっかりとマネージメントを行い、学年全体のムードを大学受験直前に最高潮に持っていかせ、最高の緊張感で入学試験になだれ込ませる。学力アップという意味でも、雰囲気づくりという意味でも、学年部長は重要なキーパーソンなのです。

❇先生は営業マンでもある

開校3年目に西大和学園中学校がスタートして以降、高校3年の学年部長は卒業生を送り出した翌年に「入試広報部長」となります。新中学生の生徒募集を行うのがメインの仕事です。

6年間しっかりと生徒たちの面倒をみて無事送り出したら、また中学1年の生徒を迎え入れて6年間、共に過ごす。だから、大事な生徒は自分の足で、汗をかいて集めてきてくださいということです。

保護者や生徒本人と直接話をして、西大和学園の魅力をしっかりと伝えることも大事ですが、自ら足を運ぶと親御さんや子どもたちが西大和学園に対してどんな印象を持っているか、どこがよくて、どこが不安なのかを、ダイレクトに聞くことができる。よりよい学校づくりのために、また6年間子どもを育てていくためにこれほど貴重なデータはありません。

生徒募集と、進学・生活指導の担当を同じ人間がやるというのは、一般企業にたとえるなら「営業担当と開発者が一緒」ということです。

「これは本当によい製品なんです。え、この部分を変えたい？　それは開発担当者に聞いてみないと分かりませんが、できるだけお応えしたいと思います」

というセールスと

「これは本当によい製品なんです。私が責任もってつくりますから、ご要望があればなんでも言ってください。一緒によいものを完成させましょう」

というセールスと、どちらが魅力を感じるか。答えを出すまでもないでしょう。

私は西大和学園を、教員たちがどんどん社会に出ていく学校にしたいと思い、初期の段階から実行させていました。

保護者会にも駆けつければ、塾の先生や企業のトップにも会いにいく。そうすれば、今の社会が学校に何を求めているかが分かります。もし、世間とズレていたらどんどん変えていけます。その活動を繰り返すことによって、教員たちは社会を知り人間として成長できる。そして、学校も新鮮であり続けます。

✲保護者の願いを全部かなえた学校

実は西大和学園の開校した１９８６年は、私の長男が高校へ進学した年でもあります。私も高校生の親。だから、保護者の声はどれもうなずけるものばかりで、可能な限りその要望に応えてきました。「保護者の声をかなえる学校」というランキングがあったら、開校から現在までの30年間、西大和学園はトップの座をキープし続けていたのは間違いありません。

「塾や予備校で勉強するぶんまで学校がカバーする」という、他の進学校では珍しいやり方も、もともとは保護者の要望から始まりました。

意見の多くは「うちの子は家に帰ったら勉強できないから、自習できるスペースをもっとつくってほしい」など、教育面に関するものですが、なかには「食堂で、夏場に冷麺を出してくれ」という意見も。もちろん、これもかなえました。

サービスのよい学校は、なんとなく泥臭いイメージがあるようです。むしろ「うちがお気に召さなければ、よそへどうぞ」という学校のほうが、人気があったりします。でも、私にはどうしても、それが職務怠慢、職務放棄のように感じられてなりません。

子どもを一番愛しているのは、なんといっても親です。その親が出す意見に理があるのは当然です。ならば、耳を傾け、かなえることが私たちの仕事ではないでしょうか。西大和学園が進学校として急激に伸びたのは、この仕事をやり続けてきたからだと私は自負しています。

それに、学校は親御さんから受験料や入学金、授業料などをいただくことで、経営が成り立っています。出資者の要望には誠心誠意応える。社会ではそれが常識です。

私は高校を手始めに中学、食堂、寮、武道場など学校の施設を充実させていきましたが、そのほとんどは借金です。当時、経理を任せていた松本さんには「新しい生徒さんが入学してきたら返せると思いますけど、それにしても借金しすぎちゃいますか？　大丈夫ですかね？」と、よく心配されました。「お金が貯まってから施設をつくったほうがよいのではないか」というのです。私はそのたびに反論しました。

「たとえば図書室をつくるために数年間、お金を貯めたとするよ。完成した図書室を使うのは誰や？　新しく入ってきた子たちやろ？　じゃあ、図書室のお金を出してくれた子たちはどうなる？　完成するころには卒業してしまって使えないやんか。それはあまりに理不尽やろ？」

親御さんの大切なお金は、親御さんや子どもたちが満足するように生かしていく。それも、学校に限らず経営の基本だと思うのです。

✿なぜ学校には校長・教頭・先生しかいないのか

学校の組織改革、教員の意識改革に取り組んでいたなかで、私が一番力を入れたのが、「とにかく、たくさんの役職をつくること」でした。

学年部長、教務部長、進路指導部長、生活指導部長、入試広報部長、国際部長、各種室長、主任と、教員たちは次々と新たなポストを任されてそれに応じた手当が支給されます。これは全国の私学のなかでも未だ珍しいシステムではないでしょうか。

ポストをたくさん用意するという発想は、サラリーマン時代の経験がその源になっています。

若いころ勤めていた化学薬品会社は、利益率が高いだけに高給でした。でも、私はいつも、何か満たされないものを感じていました。利潤を追求するだけで、自分が社会的にどう認められているのかが分からなかったからです。

ひとつの組織が利潤だけを追求していくと、ポストが限定されて組織は拡大していきません。それに、ひとつのポストにとどまっていたら、人間誰だってやる気を失っていきます。

思いきって学校の世界へ飛び込んでみて、私はすぐに、学校こそそんな組織の象徴だと分かりました。

校長と教頭がいて、あとは全部「先生」。会社でいえば、社長と専務がいるだけで、あとは平社員。係長も部長もいません。

また、学校では進路指導部長や教務部長などの役職を選挙で決めることが多く、校長が選ぶことはあまりありません。それくらい平社員が強い権限を持っているので、校長はどんなに改革したくてもできない。元首相の小泉純一郎氏が言っていた「みんな抵抗勢力」は、学校にも当てはまります。

そもそも、公立の先生たちは校長に雇われているわけではありません。教育委員会で採用されて、指定された学校へ赴任しているだけです。これでは指示命令系統がなかなか確立されない。

そんな組織ではいけないと思い、私は初めから校長と共にきちんと採用面接をして、「うちの高校はこういう方針ですけどいいですか」と説明しました。そして、納得してもらった上で、西大和学園の教員になってもらいました。「この人に採用されたんだから、ついていかなあかん」という、ある種の主従関係をつくったわけです。その上で、どんどんポストをつくっていきました。

いろいろなポストをつくれば、それだけ、いろいろな経験ができます。視野の広い経験豊富なやる気集団の先生なら、生徒たちも信頼してついてくる。これが、学校における本来の理想的な組織図だと私は思います。

第4章

東大・京大合格者トップ10から頂点へ

❇原石を発掘する

西大和学園1期生は約200名。大阪新聞の「関大合格者数ランキング」100位に食い込むためのラインは合格者20名。単純に言って、10人にひとりを関大へ送り込まなければならない計算になります。

西大和学園と同レベルの県立高校を調べてみると、毎年ひとりか二人受かれば上出来という状況でした。イメージで言えば、教員も生徒も今までの10倍頑張らなければ、とても関大には合格できないというところでしょうか。でも、関大全学部を合わせた募集人数は4000名を超える。それだけの椅子は確実に席を空けて待っているのだと前向きにとらえ、教員一丸となって受験体制を整えていきました。

当時は受験指導のマニュアルもなく、先生も手探りの状態で教えていたので、どうしても詰め込み型、質より量の授業となります。その噂が広がって、「スパルタ教育の学校」とか「受験少年院」とか、あまりに夜遅くまで教室や職員室の明かりがついているので、

「不夜城」というあまりありがたくないニックネームをつけられたこともありました。

そういう声が届くと、熱血漢の平林先生は決まって顔を真っ赤にさせます。

「西大和がスパルタで、ものの価値観をひとつしか教えない？　何言うとんねん。教壇に立つ僕らは信念を持ってやっている。若くて未熟やけど、人の道理や生き方の話もしてるんや！」

平林先生も、本音では「物事を突き詰めて探求する、考えるという時間を子どもたちに与えたい」と思っていました。でも、学年部長の自分が目標からブレてしまったら、担任教員たちも生徒たちもついてきてくれません。迷う素振りは見せず、生徒の学力を伸ばすことに集中しました。

何度もいうように、開校したばかりの我が校には飛び抜けて優秀な生徒が入ってきたわけではありません。入学早々の二者面談で志望校を聞いたら、きっぱり「西大和学園高校」と答えた生徒もなかにはいました。冗談で言ったのではなく、その生徒の頭に「大学進学」という選択肢はツユほどもなかったのです。

そんな状況のなかで教員たちがエネルギーを費やしたのが「原石の発掘」でした。生徒のなかには、その潜在能力に自分も周囲も気づかず、埋もれている子が必ずいます。勉強ができないのではなく「勉強しないだけ」というタイプ。原石をできるだけ多く発掘し、主要教科に特化してピカピカに磨いて鉱石にしていく。それが、関大合格者20名への一番の近道と踏んだのです。

✿先生の力で生徒が変わったエピソード

原石の発掘が誰よりうまかったのが、数学担当で進路指導部長の福井先生です。テストの成績から判断しようとする教員たちに、福井先生は「福井式原石発掘法」をこんなふうに伝授していました。

「単純にテストの成績がよくても、原石とは限らないですよ。磨けば光る子の特徴は、やっぱり頭の回転です。聞き取れないような早口で私が授業を進めても、なかにはすぐ理解してしまう子がいる。そういう子は原石の可能性が高いですね」

そんな福井先生が早くから目をつけていたのが、1期生のAくんです。

中学時代のAくんは、年間3分の2くらいは学校を休んでしまう登校拒否、今で言う不登校生でした。不登校という定義に改められるのはこのときから10年ほどあとのことなので、ここでは登校拒否のままにしておきます。

この時期の全国の中学校における登校拒否児童数は3万人あまり。過去10年間で3倍となり問題となっていました。

Aくんは入学試験の結果も特によいわけではなく、知識にも乏しい。ところが、教え始めて1週間ほどで「この子は勉強してこなかっただけで、能力は高い」と福井先生は気づきました。ポイントは、やはり回転力です。

集中的に回転力を上げるトレーニングをほどこしてみたところ、案の定、メキメキと頭角を現し、入学時の定期テストでは100番～200番台だったのが、いきなりトップに躍り出たのです。

しかし2年の秋口になってAくんは突然、学校に来なくなってしまいました。登校拒否の悪い癖が、また出てしまったようです。普通なら慌てて親御さんに連絡を取るところですが、福井先生は平然とした顔で、こう言いました。

「親に連絡なんて一番いけませんよ。登校拒否の子の気持ちは私なりに分かっているつもりです。私も登校拒否になったことがありますからね」

✿自分自身が登校拒否だった福井先生

福井先生の登校拒否は、子ども時代ではなく教員になってからだそうです。

「新任1年目に、いきなり問題児ばかりのクラスを任されましてね。そのクラスでの授業が週4回あったけれども、その日はどうしても頭が痛くて朝起きられませんでした。だから登校拒否の生徒は決して仮病ではない。ほんとうに頭が痛くて起きれないんです」

子どもがその病に伏せっているときは、「とにかくまわりが騒がないこと」が一番。「なぜ来ないのか」としつこく聞いたり、親に相談して大ごとにするのは逆効果。連れてくる場合は前触れなく自宅へ行って、しゃべらず、粛々と、機械的に登校の準備をする。それが、実体験から導き出された福井先生の特効薬です。

Ａくんの欠席が３日目になり、登校拒否と判断した福井先生は、すぐさまこの特効薬を処方しにいきました。Ａくんの自宅をいきなり訪ねたのです。

ご両親は共働きで、玄関の鍵は閉まっている。それでも、家のなかにＡくんがいることは気配から分かる。かといって、どんどんとドアを叩けば、Ａくんを刺激してしまう。さて、どうしたか？

なんと福井先生は雨どいを伝って２階のベランダの窓を開け〝訪問〟に成功したのです。Ａくんは部屋のなかでスヤスヤと眠っていました。

「Ａくん、起きなさい」

軽く揺さぶられて目を覚ましたＡくんの視界に入ってきたのは……。

「……あ！　福井先生！」

「学校へ行くから支度しましょう」

そして、Ａくんが抵抗するヒマを与えず、学生服を着させると、そのまま学校へ連れていくことに見事成功したのです。

特効薬というだけに効き目は抜群で、翌日になると病はどこへやら「やっぱり学校は毎日来ないとあかんで」とクラスメートにとくとくと語っていたＡくんは、なんとその日以来、卒業まで皆勤賞でした。

Ａくんをはじめ、１期生の原石たちはユニークな子たちばかり。でも、打てば響くような頭の冴えがありました。最後の１年間、教員たちは彼らを徹底的に磨く作業をし、またその他の生徒たちも希望の大学に進学させるべく、望めば何時までても付き合いました。

問題を何題解かせれば、その大学の傾向を把握できるか。試験問題用紙を一瞥しただけで解く順番を見極めるには、どのくらい理解力をつけていけばよいか。こうした受験対策にも腐心しましたが、３年間を通じて教員全員が力を注いだのは「彼らをいかに本気にさせるか」でした。

有名私大や国公立なんて自分には関係ない世界。それどころか、大学へ行くことさえ考えられない。そんな生徒たちに、大学進学という進路があること、真剣に挑めばその扉は開くということを、リアルに実感してもらうのは本当に大変なことなのです。

でも、「そうか、自分もその道があったのか。よし、挑戦してみよう」とひとたび本気になれば、もともと可能性を秘めた子たちだけに、そこから一気に伸びていきます。

生徒も教員も全力で走り続けた３年間。

そして、１期生たちは大学受験という最後の戦いに挑みました。

✿東大合格者第１号誕生！

１９８８年2月。職員室の朝は、新聞を開くバサバサという音でにぎやかに始まりました。大阪新聞「関西大学合格ベスト１００」の掲載日。みんな自宅で見てきましたが、職員室で改めて確認しています。

「いやあ、惜しかったなあ」

「例年なら入ってたのになあ」

１位の清風（大阪）に始まり、ズラリと並ぶ進学校。１００位に食い込むラインはこの年、31名。対して、西大和学園1期生の関大合格者数は22名。合格者20名という当初の目標を達成するも、この年の１００位ボーダーラインには届きませんでした。

それでも、先生たちのほとんどは悔しがるより、むしろその結果に喜び、感慨深げです。

「それにしてもあいつら、ようやったわ」

「頑張った甲斐があったな」

「よし、あれやるか！」

のひと声で、手に手にビール瓶を持って教員用のシャワールームへ。そして「せーの」というかけ声とともに始まったのはビールかけでした。

泡まみれのまま始まった食堂での慰労会でも、教員たちの興奮はなかなか収まりません。

「今夜のビールはほんまにうまいわ」

「たしかに『お前ら1期生が頑張らなあかんねんで！』って発破をかけ続けてたけど、まさかここまで頑張ってくれるとはなあ」

「理事長が『東大寺をしのぐ』言うたときはビックリしたけど、でもうちの学校、もしかしたらもしかするぞ」


1期生の挑戦の結果は、予想以上のものでした。

関西大学、関西学院大学、同志社大学、立命館大学合わせて42名。

慶応大学、早稲田大学合わせて５名。
大阪大学、九州大学、神戸大学、筑波大学、広島大学、大阪市立大学などを含む国公立大学25名。

彼らの入学時の偏差値、進学への意欲を考えれば、まさに「奇跡」に等しい大健闘です。たとえば、大阪大学に合格した３人のうちのひとりは、最初の進路志望が「パン屋さん」。国公立はおろか、大学進学も考えていませんでした。

ちなみに、登校拒否をしていたＡくんは残念ながら1年目は合格ならず。しかし1浪した翌年、無事大学合格を果たしました。進学先は東京大学理科一類。

そう、Ａくんこそ西大和学園の記念すべき東大合格者第1号なのです。

1期生たちの入試結果から、生徒を本気にさせ、きちんと学習時間を確保すればある程度の大学に入学させること、そして潜在能力の高い生徒は、より高い志望校にチャレンジさせても結果を出すことが可能だと分かりました。

✲国公立実績を上げる

教員たちは、2期生以降の進学目標として「同志社大学合格者アップ」を狙っていました。関関同立は言うに及ばず、全国でも屈指の名門であり難関大学です。

しかし、私は彼らに別の目標を提案しました。

「西大和学園が目指すのは灘を抜くこと。東大・京大の合格者を増やしていく努力をしていこう」

1期生の結果に手応えをつかんだ私は、10年以内に東大寺学園をしのぎ県内ナンバー1にという当初の目標に一歩近づいた今、いち早くその先を見据えるべきだと考えたのでした。彼らも努力した成果がはっきりと数字に表れたことで、さらにモチベーションが上がったのでしょう。

「関関同立で満足したらあかん。次は国立大学を通そう」

と私の意図に賛同してくれました。

東大・京大は現時点では多数を合格させるのは難しい。そこで、関西圏を中心に国立大学の入試状況をリサーチし、メインターゲットを大阪大学（阪大）と神戸大学（神大）に決めました。

決め手となったのは、センター試験の比率の高さです。センターの比率が高いほど、二次試験で失敗してもセンターの得点でカバーできる可能性が高くなる。特に阪大は二次がとても難しく、なかなか点数を伸ばせません。つまり、センターの結果で、ある程度合否が占えるということです。

それと並行して、関関同立の実績も着実に上げていくことも目指しました。当時は全国的に私立大学の人気が高かったので、名門私立の実績を上げれば、より能力の高い子どもが入学してきて、さらに上の大学を狙わせることもできます。

目標が決まると、阪大・神大合格へ向け、さっそくセンターの勉強を重点的に行いました。これまでは「目指せ関大」で3教科に絞っていたので、2期生や3期生たちにとっては「数学と英語しか、やれって言われていなかったのに⁉」と、さぞ驚いたのではないでしょうか。それでも校内の廊下に張り出された大阪新聞の切り抜きは、きっと彼らをおおいに刺激したはずです。

1990年度入試でも、2期生はたしかな結果を残してくれました。国公立大学の合格者は85名。そのなかで重点大学としていた阪大には2名、神大には4名が合格。1浪したAくんの東大合格と同時に、京大合格者第1号も誕生しました。

3期生以降も大学合格実績はぐんぐん伸び、学校全体が熱気に包まれていきました。

【3期生】国公立大学へ107名。阪大4名、神大9名。この3期生のなかから、初の現役東大合格者が出ました。

【4期生】国公立大学157名。うち東大1名、京大4名、阪大9名、神大10名。同志社68名を含め関関同立249名、慶應大学5名、早稲田大学5名。

【5期生】国公立大学183名。うち京大5名、阪大22名、神大14名。同志社大学63名を含め関関同立282名。慶應大学4名、早稲田大学10名。

このように1期生の快挙という劇的なスタートダッシュが、ダイレクトに翌年以降の結果に反映された形となりました。

✲６期生（中学１期生）の快挙

５期生まで右肩上がりで進学実績を伸ばしてきた西大和学園が一気にステップアップしたのが、１９９４年度卒業生である６期生のときです。

前年の１８３名から国公立合格者は２００名の大台に乗り、２０７名に。そのうち、東大６名、京大17名と最難関大学２校の合格者を飛躍的に伸ばしました。東大は４名、京大は15名が現役合格者です。

この結果により、周囲の西大和学園に対する評価の流れは一変しました。奈良県内のほか、大阪、京都などの名門私立を狙う子どもたちや親御さんが、選択肢のひとつとして「西大和学園」に着目してくれるようになったのも、このころからです。

６期生は、西大和学園中学校初年度の生徒でもあります。６年間、西大和学園の生活指導、進路指導を受けた、生え抜き第1号が彼らです。手探りで始めた中高一貫教育でしたが、彼らの出した結果は、教員たちにとっても「自分たちの方針は間違っていなかった」と、たしかな自信につながりました。

ここからは、少し中高一貫教育の中学校に照準をあててお話ししたいと思います。

中学1期生入学は1988年4月のことです。

男子のみ90名募集のところ、受験者数は532名。高校のときと同様、あえて定員数は満たさず、72名を新入生に迎え入れました。1期生の進学実績が呼び水となり、勉強の習慣づけができている、キラキラとした能力が垣間見える子たちが入ってきてくれました。

初期の高校生たちには、3年間という時間の制約があったり、根気強い復習の繰り返しが必要であったりしたため、詰め込み式の授業を余儀なくされましたが、中学1年生の彼らには6年間あります。中高一貫教育のメリットを最大限に生かせるよう、視察した灘中学校やラ・サール中学校などの教育内容で、いいものがあればどんどん取り入れながら、カリキュラムをつくっていきました。

✲受験失敗ショックも行事で払拭

中学1年の授業カリキュラムでは、全学科を通して「時間を割いて基礎学力を充実させる」ということに力点を置きました。この段階で基礎学力を定着させるか、させないかで、高校3年間の勉強の進度と深度が変わってきます。

また、中学時代には知的好奇心をくすぐるような行事を増やしていきました。学問に対して興味を湧かせることや、自分でも気づかなかった自身の個性、適性を発見してもらうことがおもな目的です。

でも、実はこうした目的は、成果が出たあとで分かったことです。中学校開校当初は、とにかく実践が先で、「まず、走ってみる。走りながら取捨選択して、子どもの実践を通して理論を考える」というのが私以下、当時の教員たちのやり方でした。これは、今の西大和学園にも通じる考え方かもしれません。

中学に入学したての6期生が、まず参加する行事が4月の「オリエンテーション合宿」です。奈良県宇陀郡曽爾村にある国立曽爾青少年自然の家にひと晩泊まって、クラスメートや先生たちの輪に溶け込みます。
8月には奈良県南部の霊峰・大峰山へ、3泊4日の登山。明けて3月には長野県志賀高原へ5泊6日のスキー合宿。その間にも小豆島での理科実験合宿、高校生と合同の文化祭や体育祭など、大忙しです。
特に宿泊行事を多くしたのは、6年後の受験に向けてじっくり絆をつくり、団結力を高めていく意味もあります。でも、行事に取り組む子どもたちを観察していると、ほかにもたくさんの効果があることが分かりました。

ひとつは、中学入試でのわだかまりをリセットできるということです。

西大和学園中学校へ入学してきた生徒のなかには、目指していた難関私立中学の受験に失敗した子もいます。中学入試は、高校以上に運・不運に左右されることが多いので、一度の失敗を長く引きずる子がたくさんいます。でも、あちらへこちらへと次々に合宿していると、それぞれの環境に慣れようと必死になって、いつの間にか鬱々とした気持ちがリセットされるのです。

また、中学入学当初の子どもたちは、どうしても通っていた塾のクラスによって派閥に分かれてしまいがちです。それが、合宿で一緒に寝泊まりしながらワイワイやっているうちに、「派閥なんてあったっけ？」というくらい、しがらみがほどけてしまいます。

中学受験の疲れやわだかまりを吹き飛ばして、新しい人間関係をつくる意味でも、中学時代の宿泊行事は大切なのです。

✽海外研修旅行

中学校開校当初の行事で、一番の目玉は「アメリカ語学研修旅行」でした。

英語の授業では、中学2年生まででで中学英語をひと通り終えるカリキュラムを組んでいます。そこで、中学3年生ではアメリカでホームステイを敢行し、しゃべれるかどうか挑戦してみよう、生の英語に触れてみよう。その成果を高校で生かそうという試みです。

今でこそ、海外への研修旅行やホームステイを実施する中学校もありますが、当時はまだ前例が少なかっただけに懐疑的な意見も多く、近畿圏では西大和学園が初めての実施例

サンフランシスコでの交流会

でした。その意味では、現在さかんに叫ばれているグローバル教育の先取りともいえます。

第1回目は、6期生が中学3年生に進級したての1990年4月、私も引率として同行し、サンフランシスコへと向かいました。

この語学研修旅行は、私にとって中学をつくるときの第一条件でした。若いころの海外放浪の旅で、日本人の英語教育の必要性をいやというほど痛感したからです。

33カ国、言葉の上では不自由なく過ごしたように書きましたが、実は会話には本当に苦労しました。

中高大と英語を学んだので、「英語くらい話せるだろう」と思い込んで旅に出たのですが、相手の言っていることがまるで分からない。ホテルのカウンターで「あなたのルームナンバーは○番です」と言われた、その簡単な英語すら聞き取れないのです。

「これでは旅の意義が半減する」とストックホルムでのアルバイトで貯めたお金を入学金につぎ込み、イギリスの語学学校で2カ月間、英会話を勉強しました。その後のインドの旅では、国立外大の英語科の日本人学生と一緒だったのですが、彼はまったく英語ができずに私に頼りきりでした。

「日本の英語教育は間違っているのではないか。読み書きや文法重視で、英会話教育がおろそかになっているのではないか」

このときに感じた疑問が、西大和学園の英語教育へ、アメリカ西海岸でのホームステイプログラムへとつながっていきました。

実際に、ホームステイを行った生徒は、わずか10日間ほどにも関わらず、帰国の時には見送りのホストファミリーとペラペラとしゃべっている。その姿を見て、プログラムの成功を確信しました。

✼世界へ飛び出す西大和学園6期生

6期生のなかにはその後、留学を経験している人が何人もいます。そのなかのひとりが、こんなことを言っていました。

「僕たちは中3で海外に行っているから、留学へのハードルが低いんです。西大和学園の卒業生は、みんなけっこう行っていますよ」

これこそ、私がアメリカ語学海外研修旅行で期待していた成果です。

日本の海外への留学者数は2004年をピークに減り続け、文部科学省でも官民協働の留学支援プロジェクトを始めるなど、留学生増加に本腰を入れ始めました。そんななか、物おじせず海外へ飛び出す卒業生たちを、とても頼もしく感じます。

このアメリカ語学研修旅行に先立ち、1987年3月には高校1年生を対象に「海外探求旅行」も行いました。行き先は中国です。

私は、世界各国から「信頼」されることが、日本の国際化の鍵を握ると思っています。そのためにも、まずは隣国との信頼関係を築くことが第一です。「隣の国と仲良くなれなくて、どうして世界中の人々と信頼しあえるだろう」これも、30カ国以上をまわりながら考えていたことのひとつです。

そこで、第1回海外探求旅行では、1期生たちを中国へ連れていきました。北京、西安、上海と中国の歴史をたどる一方、西安の中学生たちとはバレーボールやサッカーに興じながら交流を深めました。

ちょうど高度経済成長期に差し掛かっていた中国は、かつての日本のようにエネルギッシュそのものでした。中国の子どもたちも積極的で、1期生たちがたじたじするほどでした。そうした経験を通して、子どもたちは文化の違いや国民性を知り、外から見た「日本」を初めて知ったと思います。私が知ってほしかったのも、まさにそこでした。

教室から飛び出し、日本を飛び出し、世界に触れた数日間は、ひたすら机に向かう日々だった1期生たちにとって、大きな刺激になったと思います。

この時期の西大和学園は、教科指導に関してまだ質より量の時代でしたが、授業や補習やテストの繰り返しだけで進学実績が飛躍的に伸びるなら、教員はむしろラクだったかもしれません。

行事を含めてあらゆる労を尽くして、そのすべてが複合的に、総合的に作用して、初めて結果を出すことができる。1期生の快挙と6期生の躍進が、それを体現してくれていると私は思います。

❇生え抜き校長は34歳

西大和学園の校長には開校以来、3代続けて公立高校の校長先生を招いていました。初代校長の木村雅吉先生はバイタリティあふれる方で、生徒の学力を伸ばすべく7時限授業や早朝補習の「ゼロアワー」を発案して下さいました。また、2代目校長の森井康雄先生には特に生徒指導に手腕をふるっていただきました。生徒たちがつつがなく、健全に学校生活を送ることができたのも、森井校長の迅速な対処・対応があったからこそです。そして、3代目校長の的場好之先生には意思決定までのプロセスを体系化するなど、実務のエキスパートとして、まだまだ荒削りだった西大和学園の「学校」としての体裁を整えて下さいました。

みなさん公立で勤め上げた方だけに、進学路線への変更には複雑な思いがあったでしょうし、変更後もそこまで急に進学校には変われないと思っていたでしょう。それでも、最終的には路線変更を受け入れ、10年にわたり西大和学園の下地づくりをして下さいました。


４代目校長をお願いしたのは、英語担当で長く学年部長を務めた平林先生です。「進学とはなんぞや」と悩みながら、そして改革否定派と戦いながら、ここまで懸命に引っ張ってきてくれました。私はその熱意を買いました。

校長就任に関しては、顔を合わせるごとにそれとなく本人に伝えていましたが、正式に伝えると、彼にしては珍しく少し不安そうにしていました。

「理事長、ありがたい話ですが、僕まだ34歳ですよ」

「30歳になったら県知事だってできるんやし、明治維新なんか30歳で日本を動かしていたんだから。じゅうぶん行けるよ」

「僕みたいな人間にできますかね」

「できるか、できないかは君の心が決めるんよ。自分ができると思ったらできるし、できへんと思ったらできへんねん」
「分かりました。やらせていただきます。できますよね？」
「全面的に支えるさかい、頑張れ」

こうして、34歳の生え抜き校長が誕生しました。校長を支える教頭には、生え抜き2期生の今村先生を選びました。彼は32歳。校長、教頭を30代で固めて、さらなる躍進をするべく西大和学園は再スタートを切りました。

民間人校長の採用がさかんになった今では、30代半ばの校長先生も見受けられるようになったかと思います。しかし、当時は全国を見渡してもほとんどいなかったのではないでしょうか。

彼は校長になってから結婚したのですが、入会している校長会では、新たに結婚祝いに関する規定がつくられたそうです。これまでご子息・ご令嬢の結婚祝いに関する規定はあっても、校長本人に関する規定はなかったのです。晩婚化や熟年結婚ばやりの今とは違い、就任後に結婚する校長が出てくるなど夢にも思っていなかったのでしょう。

校長、教頭には、学校運営のマネージメントだけに専念してもらうことにしました。これ以降も、西大和学園では年齢に関係なく管理職になれば教壇から卒業です。このことは、他校の学校関係者の間でも話題となっていました。いわく

「西大和学園は進学校のライバルとして恐れるに足らず。教師として優秀な人材はすぐ管理職になり、教えなくなるから」

果たしてそうでしょうか？　私は逆の発想です。生徒の心をつかみ、教科指導や受験指導に優れた人ほど、学校の改善に関して鋭い知見を持っている。そういう人間こそマネージメントをすべきだと思っています。

どんなに優秀な教員でも、それを発揮できるのは担任や教科担当のときだけです。あなたの能力を教室のなかだけに閉じ込めておくのは、本当にもったいないことだと思います。そういう人がいろいろなポストを次々に任されて力を発揮すれば、組織の血のめぐりがよくなり、学校はどんどん進化していくはずだと、私は確信していました。

生え抜きの30代、しかも改革推進派の中心人物がトップになったことで、若い教員たち

にとって学校は、これまで以上に風通しのよい職場となりました。

新校長は、クラス担任も学年部長も経験者しているので、多少無謀なカリキュラム変更や行事の追加も臆せず提案することができます。また、派閥的なムードも払拭されて、教員たちがお互いの授業を見学しあう光景も増えてきました。

進学校の教員にはプライドの高い人も多いですし、スキルを簡単に明かしたくないとか、派閥を理由にして同僚の授業を見学しない、させない人もいます。そうした利己的なマインドを捨てて授業をオープンにしたことで、教員たちは一人ひとりの授業力を確実に上げていきました。


さらに、教員たちの結束力が増して、教科ごとに充実したマニュアルもできてくると、既存の教員は授業内容のブラッシュアップやオリジナリティを出すための教材研究に注力でき、新任もマニュアルをベースに最初から質の高い授業ができる。そうなると生徒も保護者も新任に教わる不安がなくなる。だから、新任を積極的に採用でき、組織の血のめぐりが停滞することもない。まさに好循環です。

学校全体が日を追ってひとつにまとまりつつあることは、傍から見ていても分かりました。

生え抜き校長就任をもって、進学推進派ｖｓ改革否定派の対立に終止符が打たれた、と私は思いました。

10年あまりかかりましたが、それぞれが築きあげた教育観を尊重した上で、ひとつに収斂させるのは、それだけ根気と時間のいる作業なのです。そこまでエネルギーを費やせないトップが仕切る学校は、ムードもどこかぎくしゃくしたり、我関せずの教員も多くなり、どうしても思いきった改革ができないのです。

新体制で初めて臨んだ１９９８年度大学入試は、次の結果となりました。

東大・京大合格者は前年の43名から計60名に。西日本ランキングでは前年の13位から９位となり、初のトップ10入り。そして、全国では19位。全国トップ20に、初めて「西大和学園」の名が登場しました。

入学してくる生徒たちの学力レベルが年々上がってきたということはたしかに言えると

思います。しかし、子どもの能力を生かすも殺すも先生次第ですから、やはり10年間で授業の質を上げてきた教員たちの力は大きい。

彼らは、学力に関して一定のベースはありましたが、それ以上に人間力と情熱を見込んで採用しました。そして「同じ教科を必死で10年頑張ったら、誰だって東大の問題を教えられるよ。だから必死に頑張れ」と励ましてきました。私のその言葉を、彼らはしっかり体現してくれました。

✤灘校の高すぎる壁

この年の東大・京大合格者全国ランキングトップ10は以下の通りです。

開成（東京・218名）②洛南（京都・153名）③灘（兵庫・128名）④東大寺（奈良・122名）⑤洛星（大阪・118名）⑥麻布（東京・110名）⑦桐蔭学園（神奈川・110名）⑧ラ・サール（鹿児島・99名）⑨甲陽学院（兵庫・98名）⑩東京学芸（東京・84名）

トップ10のボーダーラインはやはり１００人前後。ここからは、40人の差を縮めていく作業となります。このランキングだけが「日本一の進学校」を測るわけでないことは重々承知ですが、学校の成長実感の目安として、何がしかの数字はやはり必要となります。

合格者数のほか、西大和学園を含めてトップ10圏内の半数を関西圏の学校が占めていることは、やはり着目しないわけにはいきません。京都大学合格者の多数を関西圏の学校に通う生徒が占めているという実情もありますが、やはり関西圏にはトップ進学校がひしめいていることは間違いありません。

なかでも、灘高等学校は別格です。このランキングでは灘は１２８名、東大寺は１２２名と僅差ですが、東大合格者に限れば灘は92名、東大寺は32名となり、その差は小さくありません。

ちなみに、西大和学園の東大合格者は18名でした。

長年にわたる高い進学実績はもちろんですが、灘校の圧倒的な強みはやはりそのブランド力にあります。受験や進学にまったく興味がなくても、他の進学校は知らなくても「灘・開成」の名は誰もが知っている。まさにトップブランドです。それもあって、特に関西圏では「灘へ入ることがステイタス」という発想が親御さんやお子さんにも、まだまだ根強いのです。

灘中には毎年、関西エリアのトップ中のトップ180名の中学1年生が入学します。その仲間に入れるということが灘校の最大の魅力であり、親御さんもそこを期待しています。実際、東大に入るよりも難しいとさえいわれているのです。東大をはじめとした難関大への高い進学実績と同時に、各界で活躍する輝かしい灘校出身者の一員となれることに、灘ブランドの魅力があるのです。

灘校に子どもを通わせる親御さんの中には灘校の教育力、指導力にそれほど期待していないという人もいるそうです。そのせいか、灘校の生徒はそのほとんどが、放課後は塾や予備校通いです。学校の授業だけで十分だというのなら、さらにお金をかけて塾や予備校に通わせることもないでしょう。

では、ブランド力では未知数の西大和学園を選んだ子どもや親御さんは、西大和学園のどこに魅力を感じ、何を期待しているのか。

実際に親御さんと話をしたり、卒業生にもアンケートを書いてもらい、出てきた答えは、やはり「西大和学園の教育」でした。

現在、西大和学園中学に入学してくる生徒の併願先は灘中や東大寺がトップです。言い方を変えれば、灘中や東大寺に不合格となって入学してくる生徒が多数いるのです。もちろん、西大和学園が第1志望という生徒も大勢いますが。灘中を落ちてきた生徒やその親御さんは、中学受験で足りなかった点数分を西大和学園で取り戻したいと思って入学しています。

開校当時は中堅の公立高校を落ちて入学してきた生徒も多数いた西大和学園ですが、今は関西地区トップの私立中学を落ちて入学してくるのです。合否の差はほんの少ししかないはず。小学6年生のたった一度の入試での差なんてたかが知れています。子どもたちの可能性は無限大。学力差はイコール偏差値の差ではないはずです。

開校初期の頃を振り返れば、大学進学など考えもせずに入学してきた高校1年生が3年間がむしゃらに受験に向き合って、難関大学へ進学していった実績は、私をはじめ西大和学園教師陣の自信の源であり、プライドです。

「西大和学園なら塾にも予備校にも通わせずに東大、京大に合格できるはず！」という授業、教育に対する期待も志望者の理由として大きいと思います。まわりの子どもたちが遊んでいる放課後に、中学受験のために塾通いをしてきた子どもたち。それを見てきた親御さんたちにしても、「中学に入学したら、塾通いから開放させてあげたい」と望む方が多いのです。

西大和学園では、中学生も高校生もほとんどの生徒が塾にも予備校にも通っていません。学校の授業で大学受験対策をほぼ満たしているので、塾や予備校に頼る必要がないのです。

ブランド力と教育力、どちらも揃うのがベストですが、ブランドが定着するには時間がかかります。それでも、学校をブランドより教育内容で選ぶ生徒や親御さんが、少しずつ増えていることはたしかです。

進学校は「環境」を用意するだけの時代から、「環境」プラス多面的な「教育力」で勝負する時代へと変化していく。そこを追求すれば、トップブランドの高い壁に迫ることも不可能ではない。この確信を原動力に西大和学園は、また新たな挑戦を始めることになります。

✿全国ランキングトップ10入り

生え抜き校長第1号である平林校長時代の西大和学園は、東大・京大合格者数を１９９８年の60名から63名、67名と着実に伸ばしていきました。そして、２００１年は一気に94名で全国ランキング10位となり、初の全国トップ10入りを果たしました。彼らの中学校入学は１９９５年。つまり、「東大・京大合格者23名、うち現役合格者19名」という6期生の進学実績を見て西大和を受験した子どもたちです。

関西大学合格者20名という目標を達成し、祝勝会では先生方が歓喜のあまりビールかけをした、あの1期生の快挙から12年。西大和学園はついに日本の超最難関進学校と同じ土俵に上がることになりました。

なぜ、西大和学園はここまで急成長したのか。進学指導にどんな秘密があるのか。

生徒や親御さん、そして塾や学校関係者も知りたがっていました。答えは私を含め教員一同一致していて、教員たちの「熱意」と生徒たちの「努力」というほかないのですが、名門校の真似から始まった授業のカリキュラムや行事、子どもたちの能力を開花させる体験型プログラムは、その熱意と努力で改善に改善が重ねられ、今や「西大和スタイル」と呼んでも差し支えないほど充実してきていました。

進学実績だけでなく、その教育内容もきちんと理解してもらい、その上で西大和学園を選んでほしい。〝学園の顔〟となった平林校長はこの時代、西大和スタイルへの理解を求めるべく、学校説明会や関西圏を中心とした有名私塾、小学校などをまわりました。

若すぎるほど若い校長ですから、最初は誰もが怪訝な顔をします。でも、平林校長はそこを逆手にとり、説明会の冒頭で、まずこんなアピールをしてみせます。

「西大和学園の教員の平均年齢は31歳。校長の私を含め若くて熱意のある先生たちばかりです」

そして、身をもって表すとばかりに、ジェスチャーを交えながら熱血トークで参加者のみなさんを引きこんでいきます。教壇で10年間、生徒たちを惹きつけてきたのですから、これは平林校長の得意分野です。

不思議なくらい実績を伸ばす新規の学校ゆえ、そして校長、教頭の若さゆえに、塾や学校関係者にはなかなか理解されない、というより、そもそも話を聞いていただく壇上にも上がらせていただけないということもありました。進学実績より伝統やブランドに重きを置く風潮は、今も昔も変わりません。

あるとき、平林校長が私のところへやってきて、「もう、あきまへん。どうしましょう」とこぼしました。トラブルがあって、ある塾の先生に会うことすらできない状態にいるというのです。影響力のある学校や塾の先生が、一言でも「あの学校はあかん。やめておけ」と言えば、やはり生徒や親御さんは先生を信頼していますから、受験校リストから外してしまいます。

困りきっている彼に、私は言いました。

「平林君、あきらめたらあかん。今から行ってきなさいよ」

「え、だって玄関に入れてくれへんかったら、どうするんですか」

「入れてくれるまで頼み込めばええ」

「そんなん、えらいことになりますよ」

「ならへん、ならへん。大丈夫。情熱や」


こういうことを書くと、やっぱり教育はサービス産業だなと思われてしまうかもしれません。でも、私のなかでは違います。これは、学校をアピールするという一点に限らず、人生のすべてのシーンに通じることです。

「人間はつねに真っすぐに、きちんと相手と向かい合い行動していかなければいけない。それを必死にやっていれば、こちらの思いは必ず伝わる。いずれ分かってもらえる」

それが、若いころのさまざまな経験や政治活動、そして数々の学校づくりで得た私の実感であり、私自身、いつも肝に銘じている教訓です。奥の手や裏の手を使っても、ゆくゆくその尻ぬぐいをするのは自分ですし、そこには成長も人からの信頼もありません。

特に選挙活動において、まわりから見ると私のこのやり方は不器用でもどかしいらしいのですが、私にすればこのやり方だからこそ、政治家も学校経営者も続けてくることができたと思うのです。

後日、くだんの塾の先生に会いにいった平林校長は、無事対面を許され、じっくり話を聞いてもらえ、最終的に理解してもらえたそうです。時間はどんなにかかっても、やはり正々堂々、正面突破が一番なのです。

✲「受験勉強だけじゃなく、いろんなことを学びたい」という子が出てきた

平林校長が西大和スタイルの伝道師として奔走するあいだ、今村教頭には教員たち、特に学年部長たちをまとめるマネージメント役をお願いしました。

「学年部長は僕と同じ30歳そこそこのヤツらばかりで、みんな突っ走っているんです。それこそ野武士集団ですよ。それをまとめろと？」

「君かて野武士の先頭切って走ってたやないか。今度は野武士を束ねる総大将になったら

ええ」

判断力が早く、物事をはっきり言う彼ならできると踏んだ、私なりの檄《げき》です。

これまでは、交渉力のある学年部長がいい人材を集めて他の学年に回さないということも少なくありませんでした。すると、どうしても各学年の実績に差が出てしまいます。また、各学年が行事から授業カリキュラムまで好きなように組んでいくので、学校全体の統一感も薄れているという現状もありました。それらを調整するのが今村教頭に課せられた大きな仕事でした。

ひとつの学年が勉強ばかりさせていて行事が二の次、三の次になっていたら、行事が得意な先生を入れる。中学2年生の学年はどうしても英語が弱いとなったら英語のエキスパートの先生を投入する。そして、各学年でバラバラだったカリキュラムや行事を見直し、よりシステマチックにしていく。この数年間にわたる調整で、学校がさらにひとつにまとまっていきました。

2001年に西大和学園が東大・京大合格者数全国ベスト10に入った背景として、校長や教頭たちのそうしたアクションも少なからず影響していたと思います。

校長や教頭のもとには、日々、学年部長や教員たちからさまざまな提案が上がってきます。

「数学や物理で飛び抜けた才能を持つ子には、大学レベルにまで食い込んだ授業を受けさせてみたらどうか」

「アメリカの語学研修旅行で、子どもたちの英語に対する認識は一変する。もっともっと生きた英語を習得させるプログラムを組むべきではないか」

「西大和はスパルタだと思っている子どもや親御さんも多い。入ってくる子どもたちも変わってきているのだから、これまでとは違う授業カリキュラムを組みましょう」

たしかに、この時代に入ると、以前とは明らかに異なるタイプの生徒も入学してくるようになっていました。

「１回解けば分かるから、同じような問題を３問も宿題で出すのはやめてください」

とさらっと言うような、あらかじめ理解力の高い子どもたちです。

彼らは「スポーツもやりたい、ボランティアもしたい、科学実験もやってみたい」と好奇心も旺盛で、オールマイティにすべてをこなします。

1995年には、それまでの7時限授業を週3日は6時限に減らすなど、すでにカリキュラム変更にも着手してはいましたが、ある程度管理力で子どもたちに学力を定着させていくという初期の方針は、まだ踏襲されていました。しかし、こうした新しいタイプの子どもたちに対しては、時間や課題の量で縛るようなやり方は、もう向かないのではないか。子どもの変化を考えたら、量より質で行くべきではないか。

社会的にも1999年の学習指導要領の全部改正にともない「ゆとり教育」が開始されようとしていた時代。「スパルタ教育」が悪の象徴のように言われることもあり、そのイメージが定着してしまうのは学校としてもマイナスです。そうした社会の動向も探りながら、教員たちのあいだでも、教育や指導のスタイルをめぐって、毎日のように議論が戦わされるようになってきました。

そんななか、2001年4月から平林校長の職を引き継いだのが前・教頭の今村先生です。校長就任時は37歳。2人目の生え抜き校長となりました。

新校長をはじめ、教員たちは中学生の親御さんたちと世代的に変わりません。

「自分の息子にこんな教育をしたい」

「自分の子どもを西大和に入れたら、こんなことをしてもらいたい」

職員会議でも、学校帰りのお酒の席でも、つねに教育談義は親目線。だから余計に力が入るのです。そういえば、私も高校をつくったときは43歳で、彼らと同じ気持ちでした。

議論を重ねた結果、今村校長は西大和学園を新たな方向に軌道修正することを決めました。

「西大和ならではの面倒見のよさは残しつつ、生徒が自由に取り組めるようなあらゆるステージを用意する」

多面的な教育力の強化です。ここから、西大和学園の教育内容は大きく変わっていくことになりました。

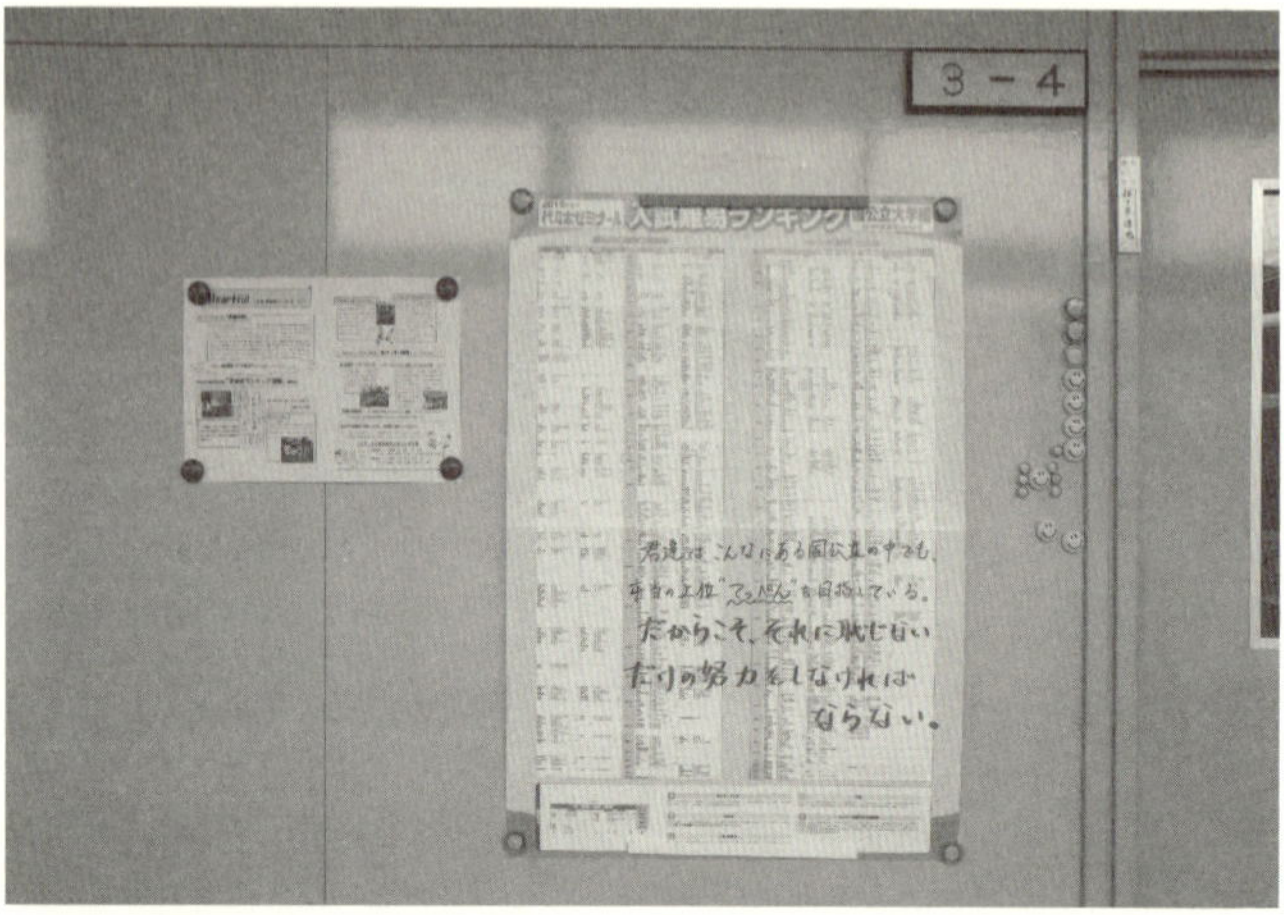

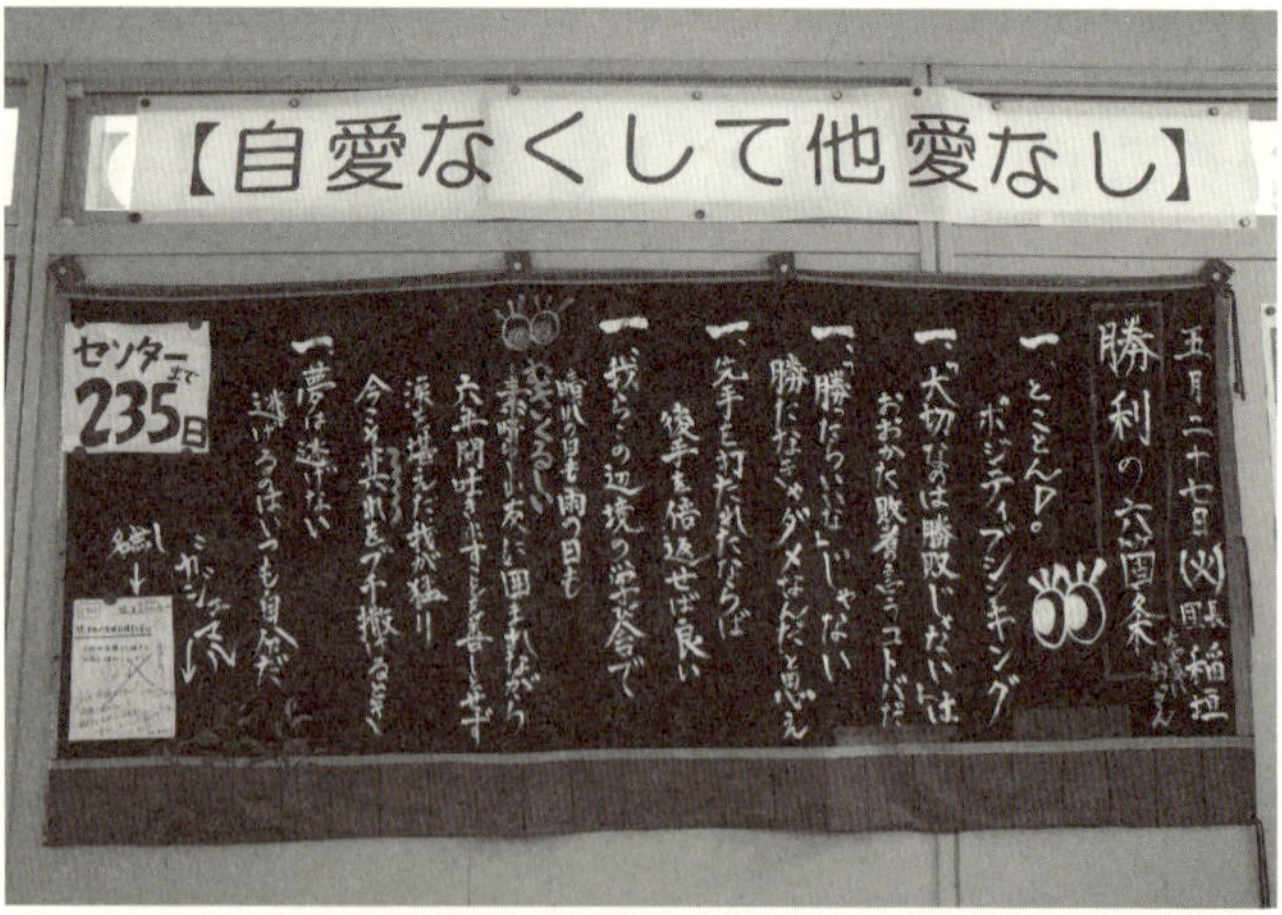

西大和学園の廊下。受験への熱い気持ちは今も変わらない

第5章

西大和学園の現在と未来

✻生徒を劇的に変えたスーパーサイエンスハイスクール

子どもたちの意識を大きく変え、また学校の教育力も大きく成長させたのが、2002年から始めた「スーパーサイエンスハイスクール（SSH）」としての活動です。

SSH事業とは、文部科学省が先進的な理数教育を行っている高校や中高一貫校を「SSH」として指定し、その活動を支援する取り組みです。将来を担う科学技術系人材を育成すべく事業が始まった2002年に、西大和学園も全国26校のひとつとして指定を受けました。

SSHのメインは、「サイエンス研究」という体験プログラムです。高校2年生の希望者は、最先端科学を研究する大学や大学院の研究室にラボステイし、高校レベルをはるかに超えた講義を受けたり、第一線で活躍する研究者の指導のもとで実験・実習を行うことができます。

2002年に実施した第1回のラボステイでは、奈良先端科学技術大学院大学（NAI

ＳＴ）の山中伸弥教授の研究室にお世話になりました。そう、ｉＰＳ細胞の開発により２０１２年にノーベル生理学・医学賞を受賞した、あの山中教授です。

山中教授は生徒たちの指導だけでなく、運営委員会にも参加して下さるなど、ご自身の研究時間を削ってこのプログラムに協力して下さいました。２０１２年の教授のノーベル生理学・医学賞受賞を知り、かつて指導を受けた生徒たちは10年前の体験を誇らしく思い返したことでしょう。

このラボステイでは、生徒と一流研究者のあいだに交流も生まれます。生徒のなかには、京都大学のさる研究所の教授から「現役の大学生より、よくできる。ぜひうちの研究所に残してくれ」とスカウトされた子もいました。

ＳＳＨの募集が来た当初、理科や数学の先生たちは「学校を休んで活動していたら、生徒たちは授業についていけなくなるし、自分たちも教材研究ができなくなる」と大反対でした。しかし、「来るものは拒まず、無駄なものはひとつもない」という私の考えを継ぐ今村校長は、「とにかくやってみましょうよ」と、導入に踏み切りました。

第１回のラボステイを体験した生徒たちは、そこから勉強に対する姿勢が劇的に変わっていきました。また、回を追うことにＳＳＨの活動に熱を入れる教員も増えていきました。導入が間違っていなかった何よりの証でしょう。

西大和学園のSSHへの取り組みは現在も続いています。高校に加えて、2012年には中学も「スーパーサイエンスジュニアハイスクール（SSJ）」をスタートさせて、6カ年計画の「スーパーサイエンスプログラム」で充実したカリキュラムが組めるようになりました。

まず中学時代の3年間では、体験学習（ウミガメの産卵観察会、化石採集、流星群の観察など）や、実験・フィールドワークをもとにした研究論文の作成など課題研究型のプログラムを通して、問題解決能力を育成していきます。

高校1年生では、研究者を招いてのSS講義や、SS科学、SSディベートなどのさまざまな講座を受講し、研究活動に必要な能力や知識を養います。また、東京大学での特別講義も受講できる「東京SSセミナー」というプログラムにも自由に参加できるようにしました。

4年間で下地づくりを終えたら、高校2年生ではいよいよラボステイ。現在は京都大学とNAISTにご協力いただき、実際の研究室での研究・実習を行っていますが、この体験を通してより明確に将来の自分像をイメージできた、進路を決めることができたという生徒も少なくありません。

さらに、３年生の希望者は「サイエンスナビ」にも参加できます。これは、大学受験の半年前に、西大和学園の卒業生や企業経営者を迎えて行うガイダンスです。実体験に基づいた先輩や企業経営者のアドバイスは、受験に向けてのモチベーションを高めてくれますし、進学や就職といった進路選択のよりたしかな指針にもなります。

この中高一貫型プランを、グローバル教育やキャリア教育ともきめ細かく連携していこうというのが、西大和スタイル。つまり自然科学のプログラムのなかに、英語の習得や世界に通じる人材育成を入れ込んでしまおうという、ＳＳＨ版〝詰め込み〟プログラムです。でも、参加する生徒たちはみんな興味のある分野や講座を自由に選び、しかも世界的な研究者たちと触れあいながら取り組むわけですから、詰め込みといっても楽しく、ポジティブな学習なのです。

ＳＳＨをここまで発展させていったのも、初年度の生徒たちが劇的に変化、成長した姿を目の当たりにしたことが、その原点になっていることは間違いありません。

✲さらに多様化した英語教育

学校をつくるときに私が絶対条件とした「英語教育」、そして「国際教育」も、ますます充実させていきました。

中学3年生でのアメリカ語学研修旅行、高校1年生でのアジア圏への海外探求旅行は、開校当初以来続けてきましたが、さらに中学3年生の希望者を対象に、3カ月間、もしくは1年間の選択制で短期留学プログラムもスタートさせました。

アメリカの家庭でホームステイを体験しながら、現地の有名私立校などで、ハイレベルな教育を受けることができます。1年間の長期留学を経験した生徒でも、留年することなく6年間で卒業が可能。これは、中高一貫の大きなメリットです。

これまで、多くの学校関係者、マスコミから「西大和学園が飛躍した最大の理由は?」「東大、京大にバンバン合格するわけは?」という質問を受けました。その答えは、ここまで述べてきたように、ひとつではありません。多くの熱心な教師とそれに応えてくれた

生徒たちの結集による成果です。ですが、あえてひとつ挙げるとしたら

「英語が９割」

という答えがふさわしいかもしれません。

数学に注力する進学校が多いなか、西大和学園では数学と同時に英語に力を注いできました。それは、私が学生時代に海外放浪で感じたことに始まり、西大和学園を作るときから大切にしていることです。実際に、西大和学園の英語の成績は全国トップクラスです。

英語は受験で裏切りません。大コケが少ない教科です。70点を取れる実力がある生徒は60点以下になることはまずない。つまり、計算できる科目です。その意味で、受験において、英語で取りこぼさないことは大事なのです。

中学に入学した当初は、子どもたちも保護者も、海外への語学研修や留学というハードルの高さに不安を感じていますが、中学1年生から段階を踏んで英語を身につけていくので、高校生になるころにはむしろ意欲的になっていきます。

中学1、2年生では、１００万語読破を目指して図書室にある４０００冊以上の洋書を

多読する時間を設けています。読書の3原則は「辞書を引かない」「分からないところは飛ばす」「つまらなくなったらやめる」です。

強制されない自由な読書体験にプラスして、伝えたいことを英語で伝えるディスカッションやディベートではネイティブ教員が、文法など英語の知識をしっかり習得する時間はネイティブ教員と日本語教員の二人体制で授業を行うなど、ハードルを少しずつ上げていくカリキュラムを組んでいます。

こうした英語教育の実践の場として、生徒たちは「模擬国連」にもチャレンジします。模擬国連はハーバード大学で生まれた国連会議のシミュレーションを行う教育活動です。世界中の学生たちが、自分の国以外の国連大使に扮し、英語の資料を用いながら英語で討論。討論の議題は実際の国連のものから選んでいます。

日本では大学生のあいだで行われていましたが、2007年に初めて日本代表団を国際大会へ派遣したことをきっかけに、全国の高校でも模擬国連の活動がスタートしました。西大和学園も2008年から参加しており、2013年には日本代表としてニューヨークで開催された国際大会に出場。クロアチア大使となって「サイバーテロ」について議論し、23カ国2500人が参加したなかで、見事優秀賞を受賞しました。

受賞した生徒のひとりは、じつは途中まではあまり勉強しない、どちらかといえば目立たないタイプの子どもでした。ところが、この国際大会をきっかけに、英語はもちろんそれ以外の教科も熱心に勉強するようになり、最終的にはトップレベルの成績で卒業しました。

「優秀賞もうれしかったけど、ほかの国の学生たちと自分が英語で対等に討論できたことがうれしかった」

模擬国連をきっかけに、彼が〝めざめた〟瞬間でした。

厳しい中学受験を乗り越えて入学してきた子どもたちは、入ったときこそドングリの背比べで成績がそれほど変わらないものの、やる気や理解力のわずかな違いで、だんだん成績に差が出てきます。いい成績がなかなか取れないし、宿題も難しくて分からない。だから宿題を出さないと先生に怒られる——。その繰り返しで勉強から遠ざかり、その出口のない状態が6年間続くこともあります。

ところが、模擬国連に限らず、ボランティア活動や文化祭でのスピーチなどをきっかけに、そんな子どもたちが突然、秘めていた個性を開花させることがある。それが自信となって、成績も伸びていく。だからこそ、来るものは拒まずの精神でいいものはどんどん取り入れ、子どもたちにいろいろなことを経験させてあげたいのです。

✿京大ならどこでもいいという生徒はもういない

東大・京大合格者数を115名とした2005年、西大和学園は初めて同じ奈良県の名門超難関進学校、東大寺学園を抜き、全国ランキング4位となりました。

トップ3は開成、洛南、灘です。また、京都大学だけに限定すれば2010年度に合格者数83名で、初めて全国1位となりました。

しかし、私たちがこれまでに実践してきた教育の成果を、真に実感できたのは、合格した生徒の数ではなく、生徒たちの進学に対するとらえ方のうれしい変化でした。

かつては「大学に入れればどこでもいい」「どんな学部でもいいから、京大に入りたい」

という生徒もいましたので、狙いやすい学部、学科に特化して受験指導をしたこともありました。私たちの「進学実績を上げる」という直近の目標とそれは合致していましたので、〝体育会系受験部〟と呼ばれても厳に否定はできない日々を、生徒と教員が一丸となって送っていたのです。

もちろん、一丸となって大学受験に挑むという姿勢は今も変わりません。ただ、今の西大和生のなかには「京大ならどこでもいい」という生徒は、もういません。また、東大、京大にどんなことをしてでも入れるという教員もいません。

「京大の工学部で宇宙工学を学びたい」「理学部生物学科でバイオの研究をしたい」

そんな明確なビジョンを持った生徒と

「うちに来たからには『何かをやりたい』と思ってほしい。もし、子どもたちにやりたいことが見つかったら、そこへ向けて全力で応援したい」

という教員たちからなる集団、しかも変わらず熱い集団。それが今の西大和学園です。

でも「西大和学園を日本一の学校に」という当初の夢をおざなりにしているわけではあ

りません。気鋭の進学校の追い上げを感じながら、東大寺学園と競り合いながら、灘、開成を追う。そんな状況がここ数年は続いています。

現在の在校生の多くは、東大、京大、そして国公立医学部志望です。早稲田大学や慶應義塾大学、関関同立大といった難関私大を志望している生徒は大変少ない。私たちも現役の受験では、あえて私大をすべり止めにするような受験を勧めません。それは、国公立に比べ、受験日の早い私大をすべり止めとして受けると、私大の合格で気の緩みができてしまうことがあるからです。私大の合否に気持ちを左右されることなく、第一志望の国公立にベストな状態で、全力で挑んでほしいのです。

近年、全国的に京大人気が高まっており、西大和学園でも京大は志望大学のナンバーワンです。志望動機としては、生徒本人も親御さんも「自宅から通えるから」という理由が多いようです。特に親御さんにとっては、東京であれ、ほかの都市であれ、実家を離れて一人暮らしをさせる不安もありますし、家庭への経済的な負担も大きいでしょう。そうしたことは重々承知の上ですが、大学で学ぶ内容以上に地域を優先してしまうのは、ちょっと残念な話だとも思います。

たとえば地元で医師になり、ひとりでも多くの人を助けたいという生徒がいたとします。その志はとても素晴らしく、私たちは全力で彼を応援していきます。ただ、それにプラスして、たとえば環境について徹底的に研究して、画期的なシステムを開発したら、世界中の何百万、何千万の人々を救うことができるかもしれない。それも、スケールの大きい人助けにはならないだろうか、と伝えることも忘れません。大学の、日本の社会の枠にとどまらず、より広い視野を子どもたちに持ってほしいのです。

２０１２年から「新教育課程での本校の取り組み」として、「キャリア教育の充実」と「英語教育を取り巻く環境の変化に対応する」という二本柱を打ち出したのも、子どもたちに対するそんな願いが込められています。

グローバルな次世代リーダーの養成を目的に、２０１３年からは高校１、２年生を対象にした「ハーバード大学次世代グローバルリーダー養成プログラム」も新たに始めました。

これは、アメリカの名門ハーバード大学で、大学生と地球規模の様々な課題をテーマにした英語によるディスカッションやディベートを中心としたワークショップや、ハーバード大学の学生たちと交流を図りながら、将来における日本の果たすべき役割や自分が生まれ育った日本に対して〝気づき〟を得てもらおうという取り組みです。

こうした取り組みが認められ、２０１４年には文科省から「スーパーグローバルハイスクール（ＳＧＨ）」として指定されました。

「地球規模の課題に挑戦するグローバルビジネスリーダーの育成」を目的としたＳＧＨに指定されたことにより、東京大学、一橋大学、京都大学、大阪大学といった大学や、ＪＩＣＡ、ユネスコなどの国際機関と連携しながら、新しい教育プログラムを組むことができました。今後はスーパーサイエンスと合わせて、文系・理系のバランスが取れた教育力を発揮していくことでしょう。

これだけ多くのプログラムをこなしていくと「勉強の時間が減るのでは？」という声もありますが、今の生徒たちはこうしたプログラムでの経験をすべて教科の〝実〟として昇華させていく力を持っているのです。

❇70項目の改革案

入試結果に限っていえば、ここ数年、西大和学園は開成、筑波大駒場といった関東勢、灘、洛南の関西勢と上位を争いながら、全国ランキングの5位以内をキープしています。ここまで多彩なプログラムを取り入れながら、同時に進学実績をキープしている学校は、そうそうないのではないでしょうか。

それでも、教員たちは現状に決して満足していません。

「全国5位以内をキープしているということは、5位付近で停滞しているととらえることもできる。ならば、現在のカリキュラムや指導スタイルのなかに、なにか教育力の向上を阻む原因があるのではないか。我々の30年間の教育内容によどみが生じているのではないか」

そうした根本に立ち返った疑問から、校長、教頭と、幹部らで問題点を1年間かけてすべて洗い出していく作業を続けてきました。それをもとに作成されたのが「70項目の改革案」です。

明日にでも改善できるものもあれば、議論し続けた結果の改革もあります。そのなかで、一番大きかったのが「女子中等部」の創設でした。

西大和学園は、男女共学の高校に始まり、2年後に男子のみの中学校をスタートさせたという、変則的な歴史があります。

その後、中学校の学級数を徐々に増やしたことから、男女共学の高校は当初の7クラスから2クラスまで減っていきます。そうなると、中学生が内部進学した高校では男女数のバランスが悪くなってしまい、女子は体育の授業や行事、クラブ活動が制約されてしまう。そんな事情にプラスして、男女共同参画社会の実現、日本の未来を担う女性の活躍が益々期待される中、西大和学園としても優秀な女性の育成に取り組むべきだ、という声が教員たちからも上がり、2014年度入試から女子中等部を募集することになったのです。

女子中等部の1期生は、灘が共学であれば当然そこへ進学したというレベルにありますから、今のところは男子より女子のほうが優秀です。面白いことに、高校生になると勉強以外のことに夢中だった男子が目覚めてどんどん追い上げていくという図式もみられます。卒業するときに男子も女子もどこまで成長しているのか今から楽しみです。

中高一貫ながら高校でも生徒を募集する西大和学園ならではの課題としては、内部進学生と高校から入学してきた生徒の学力差もありました。西大和学園では中学1年からの教育が充実しているので、高校1年次にどうしても学力差ができてしまい、高校から進学してきた生徒のモチベーションがなかなか上がらない場合も多いのです。

そこで、２０１５年度の高校生徒募集は「東大・京大・国公医コース」としました。募集人数は男女合わせて90名です。進学校が集中している関西圏では、私立のみならず公立でも、これまでの学科の名称を変更したり、学科を統合、あるいは複数に分けて特色を打ち出す学校がたくさんあります。そんな動静も考慮に入れながらのコース新設となりました。

もちろん、70項目のなかには授業内容に踏み込んだものもあります。グローバルハイスクールの活動を推し進めるべく、音楽、美術、体育などの副教科すべてを英語で行うのもそのひとつ。これは常駐のネイティブ教員が7人いる西大和学園ならではの試みです。

8時55分から毎日小テストを行う通称「8・55」の導入、学年枠を外した英会話講座を放課後に設置、卒業生・一般大学生などのティーチング・アシスタント、学習指導補助員の採用なども授業内容に関する改革案のごく一部です。

すべて挙げきれませんが、もうひとつだけ紹介するなら、「高校1年生から生徒全員にｉＰａｄを支給し、さまざまな授業で活用する」。これは、特に西大和学園にとって大きな改革となりました。

✻ｉＰａｄ導入という新改革

ｉＰａｄ導入を提案したのは、数学担当で高校1年の学年部長、宮北純宏先生です。実は、宮北先生は西大和学園の3期生。卒業生で初めて西大和学園の教員となった生え抜き先生第一号です。

学生時代に学校説明会での私の講演を聞いて、「大きいビジョンを持っているな、面白そうな学校だな」と思ってくれたそうですが、その一方、バレーボールでも奈良県代表に選出されるほど活躍していたこともあり、悩んだ結果、全国大会常連校への進学をあきらめ西大和生となりました。

３期生の宮北先生に、当時の西大和学園の思い出を聞いてみると

「クーラーがなくて、とにかく暑かった。なんとか設置してもらおうと先生に掛けあったのですが、そのときはノー。あのときは悔しかったですね」

やはり、猛暑の教室が忘れられなかったようです。授業に次ぐ授業でいろいろ大変な思いをする一方で、「教員になりたい」という思いが芽生えたのも高校時代だった、と宮北先生は言います。これは私にとっても興味深い話です。

「今の西大和は『考える』という時間を大切にしていますが、僕らのころは『賢くなるからトレーニングせい！』という物量の時代。それは決して西大和だけでなく、世間的にも学校は管理の時代でした。自分が抱く夢と管理される鬱憤。そのエネルギーをどこに出したらいいか、表現できるところはないか、生徒たちはそれぞれ考えていました。

それもあって、『学校をよくしたい、教員になったら何かできるんじゃないか』と。今も、この学校をよくしたいという思いだけで動いています。それが生徒のため、ゆくゆくは日本の国がよくなるための一番の近道だと思うので」

iPadを使用する数学の授業

「ｉＰａｄ導入」は、彼のそんな思いを形にしたものでしょう。

それにしても、この改革は西大和学園にとって大きな決断でした。なにしろ「携帯電話の所持は原則禁止」というルールが今のところありますから、モバイル通信機器の導入は、それこそ学校のタブーに切り込むようなものです。

それでも、宮北先生は校長や管理職に食い下がり、学校への導入に関するセミナーにも彼らを連れていき、説得し、学校も彼の熱意を汲んでゴーサインを出しました。全館へのＷｉ‐Ｆｉ導入やプロジェクター設置などのインフラ整備を含めて、数百万円規模の一大プロジェクトです。

ｉＰａｄは２０１４年の夏から授業に取り入れていますが、生徒たちと先生たちのあいだで面白い逆転現象が起きていると、宮北先生が報告してくれました。

「ＩＴの世界については、新しいものは新しいルールと組織でいこうと思い、運用に関しては完全に生徒主導としました。このアプリを入れたらいけないなど、ルールも生徒がつくるなど、生徒たちで組織する運用委員の決定権ですべて動いています。授業での活用方法も、生徒が教員にアドバイスしていますしね。本来は知識を生徒に注入するのが学校ですから、これは西大和にとってまったく新しい試みです」

✤現場は「東大に受からせたい」では動かない

宮北先生だけでなく、現在の西大和学園には卒業生の教員や事務員が多数います。彼らは自分たちが通っていたころの西大和学園にあって、今も、これからも失ってはいけないものを分かっています。教育に対しての熱い気持ちです。これは西大和学園にとってかけがえのない財産でもあります。現場の教員たちは「東大に受からせたい」では動きません。生徒たちの可能性を広げるべく要求や提案が毎日のように上がってきますし、「生徒にとってベストの教育は……」と議論を吹っかけてくる先生もいます。彼らを束ねるトップ陣はさぞ大変だと思いますが、現校長は「いえいえ」と否定するのです。

「ラクをしたいとか、ええ給料が欲しいと思うなら、教師なんて初めからやってません。10年後、20年後の日本を支える人材を育てようと思ってやってるから、毎日ワクワクです。だから半分仕事してるのか、レクリエーションしてるのか分からんときもある。まあ、今は授業も高度になって教員たちも教材研究に追われることが多いだけに、昔みたいに彼らと飲む機会が減ったのは、ちょっと寂しいですけどね」


現在の西大和学園中・高等学校の学園長は上村先生です。同期の今村先生を引き継ぎ、2011年から西大和学園中学校の校長も兼任しています。開校2年目に入ってきた上村、今村両先生とは、その1年先輩の平林先生を含めて実によく飲んだものです。

彼が引き継いでからの西大和学園は、これまで以上に画期的なプログラムを取り入れ、名だたる名門私学の一角に食い込むべく邁進している印象を受けます。まさに真っ向勝負。全国を忙しく駆け回り学校説明会を行うかたわら、講演会や教育に関するシンポジウムにも参加して西大和スタイルを伝える上村先生は、もしかしたら日本一忙しい学園長かもしれません。

西大和学園中学を訪ねたあるとき、私が「しかし、よくやっているね」と声をかけると、上村学園長は「何言うてはるんですか」と笑いながら反論してきました。

「『小手先でつかもうとするな、あとあと、どうにもならない状況が出てくるから、ぶち破れ、壁を。そういう生き方をしないと最終的に後悔することになる。だから正面から行け、絶対に誤魔化すな』って、居酒屋で僕ら若いもんにいつも言ってたのは会長やないですか。僕も若い子らにはそう言ってますよ」

西大和学園のＤＮＡが受け継がれているのは、なんともうれしい限りです。

さて、私が理事長の職を離れ、会長となったのは２００８年のことです。

「組織は血のめぐりが一番」

と教員たちに言ってきたからには、自分でも実践しなければなりません。

２００８年４月から理事長となったのは、私の長男の田野瀬太樹です。在京のテレビ局に数年勤務したあと、西大和学園の系列である白鳳女子短大で卒業生の進路先企業を開拓する仕事や、西大和学園の総務などを歴任し、10年間「学校」という世界で学んだのちに理事長の職につきました。

彼は43歳。西大和学園には通っていないものの、西大和学園高校1期生と同じ年です。

「小さいころから親父は政治や学校づくりで忙しくて、家ではほとんど顔を見たことがない。たまに帰ったら、ちょっとは休めばいいのに『今から山に登りにいくぞ！』。山では相撲を取ったけど、一度も勝ちをゆずってくれなかった。ほんまに、どこにそんなエネルギーがあるんか。それは今も一緒。体だけは気をつけんと」

私も忙しく、また彼も先生方と絶えず話したり、あるときはぶつかりという多忙な毎日を送っていますから、顔を合わせることはめったにありません。それでも、会えばさりげなく私の体を気づかってくれます。そして、

「西大和は昔と変わらず、先生と生徒の熱気でぐつぐつ煮えたぎっているし、ますます面白い学校になっていますよ」

と報告してくれます。

理事長以下、２０１５年の西大和学園を支える教員・職員たちの夢は、ただひとつ。

「西大和学園の教育を、日本の教育のスタンダードにすること」

世間では「自由な空気のなか、子どもたちの自主性を重んじる教育をしています」という進学校にまだまだ人気が集まっています。それと比べれば、西大和学園は面倒見がよすぎて窮屈だというイメージが、まだ根強いようです。

でも、世界に飛び出していく人材をつくるのだから、子どもたちにはいろいろなステージを用意してあげたい――。彼らの能力を目一杯開花させてあげたい。勉強したいというなら、とことん付き合ってあげたい。

選択肢の幅を広げ、子どもたちに自由に選びとってもらうスタイルに変身しつつ、やはり子どもたちと関わらずにはいられないのです。

「西大和のスタイルが起爆剤となって、日本の教育全体に刺激を与えるような、そんな学校にしていこう」

現理事長のかけ声のもと、西大和学園中学校・高等学校の挑戦は続きます。

✲アメリカ西海岸の姉妹校、女子短大の開学

さて、ここまでは地元奈良県五條市に妻と開園したなかよし保育園に始まり、西大和学園高等学校、そして中学校と3つの学校をつくり、運営したお話をしてきました。しかし、実はこの30年の間に、私は同時進行の形で国内外のさまざまな学校づくりにもチャレンジしてきています。

「中学・高校を進学校として発展させることも大切な仕事ですが、それだけでは寂しい。我々の持つ教育にかける熱い思いを、あらゆる世代、分野の人たちに感じ取ってもらいたい。『西大和学園グループの学校に行くといろいろな教育が導入・実践されている』と思ってもらえるような総合学園にしたい。生徒、学生、教職員に、今までの学校の概念を覆すような豊かな経験をさせてあげたい」

高校をつくっているときから、ずっとその思いがあり、「ここではとどまらないぞ」と思いながら、ひとつずつ夢を形にしてきたのです。ここからは、その話を少しさせていただこうと思います。

西大和学園カリフォルニア校

西大和学園高校では5期生が国公立大学に１８０名合格と順調に進学実績を伸ばし、私個人も衆院選に初当選させていただいた１９９３年、アメリカ・ロサンゼルスでは西大和学園カリフォルニア校がオープンしました。

開校のきっかけは、現地の日系企業に赴任している駐在員のご家庭からの要望です。当時、私は中学3年生の米国語学研修旅行に引率で帯同していましたが、あるとき「子どもを現地校に通わせているお母さん方が20人ほど集まっていて、ぜひ理事長にお願いがあるから来てほしい」という相談を受けました。伺ってみると、お母さん方が異口同音でこんな悩みを私に打ち明けてきたのです。

「ロスの現地校に通った子どもがすぐに英語を話せるようになって喜んでいたのですが、その矢先『お母さん、青森県てどこにあるの？』と聞かれてしまって。日本の教育に遅れてしまって焦りに焦っています。英語もきちんと学んで帰らせたいのですが、日本の教育や文化も学んでおかなければ帰国したときに子どもが苦労してしまう。英語教育半分、日本の教育半分の学校をなんとかつくっていただけないでしょうか」

私もまだ40代と若く、「なんでもやってやろう」と今以上に血気盛んなころでしたので、困っているお母さんたちの助けになればと二つ返事で約束してしまいました。

しかし、言うは易しとはまさにこのことで、開校までは苦労の連続でした。煩雑な書類の提出が必要な日本とは違い、アメリカでの学校創設の申請はそれこそ用紙1枚で済むほどシンプルです。ところが、周辺住民の方々から理解を得ることは気の遠くなるほど難しい。クルマの出入りひとつとっても「住環境が脅かされる」とクレームが集中しました。

2年ほどは現地住民の方と粘り強い交渉を続けたでしょうか。最終的にはなんとか了承を取り付け、現地校の空き教室を借りる形で1993年4月、授業をスタートすることができました。

アメリカに来たならやはり英語を集中的に学ばせたいという親御さんの思いもあり、日本人学校としてオープンした西大和学園カリフォルニア校も最初は赤字続き。苦労はしましたが、「物事を国際的視野に立って考えることのできる感性を身につけた、真の国際人の育成を目指す」という教育方針が徐々に受け入れられ、年月を経て幅広い年齢層の子どもたちが集まってくれるようになりました。

現在、カリフォルニア校には保育園、幼稚園、小学校、中学校の併設校、そして現地校に通う子どもたちが土曜日に日本語や日本の風土・文化を学ぶ補習校もオープンさせています。また、シリコンバレーで有名なサンノゼには幼稚園と、ロスの南にあるアーバインにも補習校を設け、3カ所の学校をあわせて延べ850人の子どもたちが学んでいます。

現在の西川勝行校長は「西海岸を西大和学園の教育で埋め尽くしたい」というビジョンを持ち、今まさにアメリカでの学校づくりに励んでくれています。

国内では、カリフォルニア校開校から5年後の1998年4月、西大和学園から200メートルほど下った敷地に「白鳳女子短期大学」を開学しました。私の長年の夢である「4年制総合大学設立」に向け、まずは短大から「大学」という領域にチャレンジすることにしたのです。

高校をつくったときと同様、大学づくりにおいてもまったくの素人でしたので、周囲の方から「今は4年制大学の時代で、短大は定員割れを起こしているというのに、今さら短大をつくってどうするの」と笑われながらのスタートです。それでも「4年制設立に向けてのステップなのだから、まずはなんとか短大を軌道に乗せたい」という一心で、大学としての体裁を整えていきました。

開校当初は「国際人間学科」を設け、まず一般教養型の短期大学からスタートしましたが、やはり時代の趨勢はいかんともしがたく、残念ながら定員割れからの出発となってしまいました。そんな状態が3、4年も続き、経営の苦しさから大学の経営そのものが危ぶまれた時期もありました。

「強い信念でスタートしたが、やはり世の中のニーズに合わせなければ生き残ることはできない」

そのことを痛感し、先生方と共に調査、研究、議論しながら徐々に方向性を変えていくことにしました。

大きな転機となったのは2002年、保育士や幼稚園教諭を育成する幼児保育専攻を設

1998年に開学した白鳳女子短期大学

けたことです。資格系大学のニーズが高まり始めていたこともあり、多くの学生を迎えることができました。その後、看護師を養成する看護学専攻、理学療法士を養成するリハビリテーション学専攻も設けたことで、さらに多くの学生が集まるようになりました。

看護学専攻もリハビリテーション学専攻も、希望者は３年間プラス１年間の専攻科進学で、看護学専攻なら「看護師」のほかに「保健師・養護教諭」「助産師」「言語聴覚士」のいずれかの資格を取得することも可能、しかも４年制大学卒業と同等の「学士」も取得できる。この「Ｗ資格＋学士」取得という短期大学ならではの合理的なコース設定が近年では大きな人気を集めています。

さらに、理学療法学専攻は4年に進学する学生を除き毎年30人ほどが卒業するのですが、求人はその40倍の1200人。1年間の専攻科言語聴覚学専攻でも卒業生15人に対して求人は600人。看護学専攻も60～70人の卒業生に対して求人が600人と、ありがたいことに就職は引く手あまたです。

こうした状況から、「短大・冬の時代」といわれるなか、白鳳女子短期大学ではここ10年ほど高い競争率を維持し、他の4年制大学を経て、専攻科に入学してくる学生もいるほどです。

旧態依然とせず時代のニーズに合わせるという経営方針は現在も変わっていません。

今年2015年4月からはリハビリテーション学専攻が男女共学となり、大学名も「女子」を取り、新たに「白鳳短期大学」とします。さらに来年2016年度からは、これまでの理学療法士、言語聴覚士に加え「作業療法士専攻」も新設する予定です。

現在は看護学の人気が高いのですが、リハビリテーションの領域に対する学生のニーズは男女問わず高まっています。また社会そのものが何より求めている分野でもあり、今後はさらに大きなうねりとなっていくでしょう。今回の改革も、それを見越した上で実践することを決めました。

✲夢の４年制大学がついに開学

アメリカの全日制日本人学校、そして短期大学に続き、２０１４年４月、私は教員たちに語り続けてきた夢を、ついに実現させることになりました。

大阪府吹田市に４年制私立大学を開学させたのです。

将来、総合大学にしたいという大きな夢を持っていることから、簡潔明瞭な名前を考えに考えたあげく、大学名は「大和大学」としました。

これまでの西大和学園は、中学・高校、そして短大とも奈良県内に設置しましたが、大都市・大阪へ進出したいという思いはずっとありました。そこで数年間をかけて神戸、大阪、京都間のＪＲ幹線沿いで２００カ所ほど条件に合う場所を探した結果、ようやく見つけたのがＪＲ吹田駅から徒歩７分という現在の１万坪の土地です。吹田駅はＪＲ大阪駅から８分、新大阪駅からは４分。大学の立地としてこれ以上ないほど申し分のない場所です。

大和大学では、まず経験済みである「保健医療学部」と「教育学部」の2学部からスタートしました。

保健医療学部は、すでに開学している白鳳女子短期大学のなかで、看護師や理学療法士などの育成経験があったことが設置の大きな決め手となりました。大和大学では看護学科と総合リハビリテーション学科、2つの学科で4年間豊かに学び、確実に進路希望をかなえていきます。

また教育学部は、幼・小・中・高の若い教員を養成してきた経験を生かすべく立ち上げました。

他の国公立大学にも教育学部はありますが、「教育学」という学問を研究することが中心のところも多く、必ずしも教員を養成する学部にはなっていません。教育学部を出ても一般企業に行く人のほうが多い有名私大もあります。

そこで、大和大学では「100％教員を養成しよう」という方針を立てました。徹底的に1年生から鍛えて、全員教員採用試験に合格させることを目標としています。幸いにも、西大和学園には中学校、高校、そしてカリフォルニア校など、あらゆる教育施設があります。積極的に現場を経験させながら、テキストでは学べない教育力を向上させていき

大阪府吹田市にある大和大学

ます。

初年度には２７００人の受験生がありましたが、西大和学園中学・高校のスタートと同様、一定のレベルを保つために合格者は７００人としました。入学者は保健医療学部約２００名、そして教育学部は約１９０名。とても礼儀正しい、すがすがしい若者が集まり、先生方も彼らの進路希望をかなえるべく張り切っています。

西大和学園の経験とノウハウを十二分に生かし、教員採用試験や国家試験対策に万全を期し、全学生の進路を保証していくこと、さらに世界を舞台に活躍するリーダーや、学術文化の向上と国際社会の平和・発展に貢献する有能な人材を育成することが、大和大学の究極の目標です。その目標を果たすべく、現在はより幅広い学問領域をカバーするために学部・学科を増やしていく準備に奔走しています。

その手始めとして、来年２０１６年度には西日本唯一となる「政治経済学部」を設置することになりました。早稲田大学の政治経済学部に匹敵する学部をつくることが当面の目標です。

政治経済学部は、「日本の国づくりは人づくり、人づくりは教育から」という私の信念、そして西大和学園の教育方針に基づき設けた学部です。

現在、日本の大学に「政治家を養成する」ことに特化した学校はありません。大和大学は真正面からそれに取り組んでいこうとしています。政治家のほかにも、官僚や、地域を発展させたいという地方公務員、さらに企業の優秀なリーダーなど、社会の中枢から日本を支える若者を育てていくことが、大和大学・政治経済学部に課せられた大きな使命です。特に、私は長く政治の仕事をしていましたので、優秀な、そして清潔な政治家をつくっていきたいと考えています。

政治経済の基礎的な理論に裏打ちされながら、実学もしっかりと学んでほしい。そんな願いから、現役の政治家や外務省、総務省の事務次官経験者などを特任教授に迎え、何より〝現場での学問〟を重要視したカリキュラム編成とすることもすでに決まっています。

政治経済学部というと、一般的にはマンモス学部が多いのですが、大和大学で募集するのは少数精鋭の１８０人。教員たちが学生一人ひとりと徹底的に向き合いながら、４年間で学生たちにあらゆる選択肢を提供し、確実に彼らの進路や夢をかなえることができる、そんな学校を目指しています。

政治経済学部を出発点に、２０１８年度までには理工学部、薬学部、農学部などを順次増やしていく計画もすでに立てています。近い将来、大和大学は1万人規模の大学となるでしょう。

目標は東大・京大に並び立つような、日本を代表する一大総合大学です。

無理だ、無謀だと笑う人がいるかもしれません。でも、私たちは本気です。

日本ではトップの東大も、世界から見たら27位。西大和学園高校の1期生が関大に22名も合格したように、可能性は決してゼロではありません。かかげた夢を一つひとつ実現してきた私たちにとって、「大きな夢」はあっても「無謀な夢」「無理な夢」などないのです。

ました。

✲熱血教師たちの今

西大和学園草創期のメンバーたちは、あらゆる学校の、あらゆるポストを歴任していきました。

たとえば、現・西大和学園学園長の上村先生は、1998年に中学・高校の教頭として管理職のキャリアをスタートさせたあと、白鳳女子短期大学の助教授から教授へ、そして西大和学園カリフォルニア校の校長になり、2011年から現職に至ります。

上村先生は中学校の校長も兼任していますが、高校の校長はというと、開学時から進学路線推進派として私を支えてくれた福井先生です。

大胆な改善策を盛り込んだ「70項目の改革案」を中心となってまとめたのも、実は上村・福井の校長先生2人でした。

ほかの先生たちは、早い時期に管理職のポストについたのですが、福井先生が高校の校長になったのは63歳。なぜなら、彼の教える数学の授業が、生徒たちに言わせれば「神がかり的」で、教壇を離れてもらうのが惜しかったからです。そこで、彼には「スーパーティーチャー」というポストをつくり、数学と進路指導に長らく専念してもらいました。

福井先生と共に進学路線を推し進めてくれた〝熱血先生〟の平林先生は、現在、白鳳短期大学の５代目学長です。

開学したばかりの大和大学にも、もちろん西大和学園の教員たちを管理職としてたくさん迎えています。

私が高校をつくる際、最初に声をかけた松本さんの肩書は「渉外広報本部長」。人当たりのよさと臨機応変さを考えれば、まさにうってつけのポストです。西大和学園の前校長、今村先生には、二つの学部のうち教育学部をまとめる学部長になってもらいました。西大和スタイルを徹底的に追求した今村先生だけに、たしかな教育観を持ち、またマネージメント能力にもたけています。

そして、もうひとつの学部、保健医療学部の学部長は、嶋田健男先生。竹刀を持って廊下を歩き生徒たちに恐れられた、「サッカー部を日本一に」との夢を持ちながら、進学路線への変更で一度は絶望や怒りを味わった、それでも最後には私の気持ちを汲んでくれた、あの嶋田先生です。

嶋田先生には、1998年の白鳳女子短期大学をまったくのゼロから立ち上げてもらい、最後は学長まで勤めていただきました。そのときに苦楽を共にしたのが、松本さん。彼ら二人は西大和学園を立ち上げるときにも創設メンバーとして奮闘してもらいました。その後、路線の対立で溝ができてしまいましたが、短大づくりをきっかけに、またかつての絆が復活したそうです。これは私にとって何よりうれしいニュースでした。


嶋田先生はサッカー部員たちに部活禁止を告げて以来、教え子の夢を潰してしまったことに責任を感じ、苦しんでいたといいます。

「やめるか、とどまるか。揺れている時期が何年もありました。最終的に西大和に残る道を選んだのは、『骨をうずめさせてもらう』と会長に最初に言った、あの言葉を裏切りたくなかったからです。

今は、あのときやめずにいてよかったと思います。大学をつくるなんて、自分の人生で経験するとは思いませんでした。たしかに忙しかったですが、教員の職務以上にいろいろな経験をし、いろいろな世界を見ることができました」

嶋田先生だけでなく、大和大学ではかつての体育教師たちが重要なポストについています。彼らはやりがいを感じているだろうか。また一緒に飲んで、ゆっくり話を聞いてみたいと思います。

ちなみに、大和大学には教授のための研究室のほかに職員室があり、教授陣も全員そこに集まってもらう。そして、研究を超え、学部を超えて忌憚のない意見を、お互いの顔を見ながら話しあってもらう。そう、これは路線闘争に伴う体育教師とのさまざまな確執や抵抗を乗り越えた経験からの教訓です。全国を見渡しても、職員室のある大学は珍しいのではないでしょうか。

私も彼ら大学職員たちも、２年目の春を迎えようとする今、志をひとつにして懸命に大学づくりに取り組んでいます。その志とは

「大阪・吹田の地から日本の大学を変えよう」です。

西大和学園では、夢を持ってチャレンジし続ける姿勢を教員たち自らが身をもって示し、熱意をもって独自の教育を実践してきました。その集大成として、大和大学でも職員

一同がまず高い志を持ち、その実現に向けて日々挑戦、邁進していく姿勢を学生たちに見せることが何より大切だと考えます。

「大志を、まとえ」というスローガンのもと、大学づくりに取り組む私たちは学生たちの目標達成のために全力を尽くす。そして大きな夢と目標を持って入学してきた学生たちは「未来を切り拓く」という大志を持って目標達成に勤しむ。職員たちと学生たちがともに高め合い、ともに成長していくことで、この大和大学に新たな歴史が刻まれ、いずれ日本の大学における歴史や価値観を変えていく——。それこそが、私の夢であり、職員たち全員の夢なのです。


「屈折した人の元に人は育たない」

そのことを、学校経営のトップになってみて、初めて私は知りました。

企業であれ、学校であれ、トップの思いを組織の人間に伝えていくことが何より大切です。トップは、情熱を注いで必死でつくりあげたものに責任がありますし、愛着を持っている。そしてその思いに共感し、同じように組織を愛することができる人の元で、人はどんどん育っていきます。

しかし、なかにはトップの思いが伝わりきらず、その手法や言動に抵抗を覚えて屈折してしまう人も出てしまいます。そして「あのトップはおかしい」「自分は本音では反対だけど、従うしかない」というように、屈折した形で部下にトップの意向を伝えていきます。そうなると、その人の元には屈折した人ばかりが集まってしまう。それでは自分自身も成長しませんし、組織の発展もありません。

西大和学園の場合、「学校が大好き」という気持ちはみんな一致していました。この本で紹介した教職員はそのごくわずかです。紙面の関係上、「学校が大好き」な教職員全員を紹介できないのは、たいへん心苦しい思いです。私ひとりの思いだけでは、西大和学園がここまでくることは決してできませんでした。今日の西大和学園があるのは、この30年間、西大和学園に携わってくださったすべての「学校が大好き」な方々の努力の結晶なのです。

理事長の職を離れ、会長職につき、2012年に衆議院議員の職を退いた私は今、「大和大学を日本一の大学に」という新たな夢に向かって忙しい日々を送っています。

理事長時代に比べると、西大和学園での職務は減りましたが、それでも生徒たちに話をする機会をいただいたときは、必ずこう言っています。

「人生に一発逆転のウルトラCはないよ」


何事においても、つねに絶え間ない努力をする人が、結局多くの人から信頼され、信頼されることが自信につながります。逆に、人から信頼されていなかったら自分に自信が持てず、思いきった発想ができない。だから、いつまでたっても行動することができないのです。


それを強く思ったのは、まだ政治家を志す前、サラリーマン時代の経験からです。

私は化学薬品会社の研究所で工業薬品の開発をしていましたが、勤め始めて数年後のある日、社長からこんな指示を受けました。

「部下を5、6人つけるから、この商品の原価を1リットルあたり1円下げろ。期限は1年やるから」

まだ26、27歳でいきなり大プロジェクトのリーダーを任されることになったのです。

化学の世界は、気の遠くなるようなデータ集積が必須ですから、定時に終わって帰宅するというわけにはいきません。研究所に寝泊まりしながら、それこそ24時間不眠不休でデータを取り続けるという毎日でした。

集まったプロジェクトメンバーには、私より年上も数人いました。それでも、チームをなんとかまとめて、期限が刻々と迫るなか失敗を繰り返しながら、最終的に期限内で原価を1円下げることに成功しました。

商品化された薬品は会社に多くの利益をもたらし、チームは表彰もされました。でも、その商品をつくったとか表彰されたということより私が一番うれしかったのは、1年間、どんなに大変な時期でも、みんなが若い私を信頼してくれて、協力してくれて、それが商品という形に結びついたことでした。

私にとって、これほど大きな自信につながった経験はありませんでした。

当時からすでに政治家になりたいと思っていたものの、あと一歩が踏み出せずに悶々とした時期が続いていました。しかし、この経験が私の背中を力強く押してくれました。

「選挙でも必死に頑張ったら、みんなが投票用紙に『田野瀬』と書いてくれるかもしれない。よし、やってみよう！」

「信頼された」という自信が、発想と行動につながったのです。

思いもよらない意外な分野で、意外なときに、意外な人との出会いで、自分の可能性が一気に広がることが、どんな人にもあります。それは年齢も、性別も、学歴も関係ありません。そして、ひとたびその喜びを知ったら、自分が想像していた以上に豊かな人生を送ることができるのです。

生徒たちにも、教員たちにも、そんな経験をぜひしてほしい。さまざまな改革をしてきた西大和学園ですが、根底には私のそんな強い思いが流れ、西大和のＤＮＡとして受け継がれていると、私は思っています。

✽次世代のリーダーたちへ

西大和学園創立20周年記念式典のときのことです。

卒業生である１期生が壇上に上がり、開口一番、申し訳なさそうに言いました。

「僕らこの学校に、今、来ていいのかなと思います」

続けて、2期生が言いました。

「こんな学校になるとは、夢にも思いませんでした」

すると、会場のあちこちから、先生たちの声が上がりました。

「俺らもそうや‼」


わずか30年足らずの短期間でここまで進学実績を伸ばした西大和学園は「奇跡の学校」とも言われます。当事者である生徒たちも教員たちもそう思っているくらいですから、たしかに成長していく過程ではいくつかのラッキーがあったのかもしれません。たとえば、新しい教育を模索していたときに、たまたま、スーパーサイエンスハイスクールの募集が来たことなども、そのひとつでしょう。

しかし、「恐れずになんでもやってみよう」の精神で、そのチャンスの尻尾をつかんだのは教員たちであり、真剣に取り組んだ結果、成長したのは生徒たち自身です。そして、

1期生の起こした最初の奇跡、これはもう奇跡でもなんでもなく、教職員、生徒一同の熱意以外の何ものでもありません。

1期生だけではありません。無名の私立高校に進学し、大学進学なんて考えてもいなかったのに、必死に勉強し、がむしゃらに受験に向き合い、そして輝かしい結果を残して卒業していった初期の生徒、その親御さんには感謝してもしきれない思いです。

1989年1月、西大和学園第1回卒業式で、学園を巣立つ1期生を代表して、生徒のひとりがこんな答辞を残してくれました。

「私たちの心のなかに一番強く残っているのは、日々の授業です。試行錯誤の連続、補習、そのときは非常に苦痛に思えた時間割。他校の友人の話を聞いて、うらやましく思ったこともあります。『3年後に目を向けろ』と言われ続けても、そのときにはまるで理解できず、反抗したこともありました。

しかし、今になってみれば、よく理解できます。その一つひとつが、今の私たちをつくってきたのです。そして、それは、この学園の礎になることを確信しています。

礎は、私たちが築きました」

どんな名門の進学校であれ、開学当初から「名門」や「進学校」と言われていたわけではありません。どの学校もゼロから1を生み出す苦しみを味わい、衝突を繰り返し、経験とノウハウを重ねながらその評価を獲得していっているのです。その意味では、私がこの本でお話ししたことは、もしかしたら特筆すべきことではないのかもしれません。

ただ、幸いなことに、西大和学園には私の夢を「無理」だとも「無謀」だとも思わず賛同し、夢の実現に向けて果敢にチャレンジし続けてくれる教員たちがいました。そして、元気すぎるほど元気だったけれど、とても素直で、大きな可能性を秘め、教員たちのチャレンジを正面から受け止めてくれる生徒たちがいました。

卒業生の答辞を引き合いに出すまでもなく、西大和学園の礎はたしかに彼らが築いたのです。その礎が強固だったからこそ、周囲から見れば驚くほどの速さで西大和学園は成長していくことができ、そのチャレンジし続ける姿勢は30年を経てなお、大和大学へも脈々と引き継がれているのです。

西大和学園の教育内容は全教員と全生徒が最後まであきらめることなく全力でつくりあげてきた結晶です。また、これからも全力で成長させていく学校です。この一点に関しては、ほかのどんな学校にも劣るものではないと自負しています。

熱意と気迫をもって挑んだ「受験」や「教育」という経験が、彼らの可能性を広げるものだったのか。人生を豊かにするものだったのか。その答えは、卒業生たちの今後の活躍、そして教員たちが今も日夜奮闘する西大和学園の発展の成果いかんです。私も自分自身の夢を必死に追いながら、その成果が出る日を――高い理想と広い視野、そして誰からも信頼される人間力を武器に世界と渡りあう、真のグローバルリーダーが西大和学園から誕生するその日を――楽しみに待ちたいと思います。そして、私自身もあらゆる分野で日本を支え、日本の未来を輝かしいものにする人材の育成という夢を今後とも必死で追い続けたいと思います。

田野瀬良太郎（たのせりょうたろう）

昭和18年10月31日生まれ。奈良県五條市出身。名古屋工業大学卒。大学時代に1年間アルバイトをしながら、ロシアからヨーロッパ、中近東、東南アジアなど33か国を歴訪。これを機に政治の道を志し、昭和48年五條市議会議員初当選。その後、奈良県議会議員、衆議院議員に当選し、自治政務次官、財務副大臣、自民党文部科学部会長、自民党三役・総務会長（第48代）を務める。議員活動を始めてまもなく、教育は政治上の最重要課題であると痛感し、実践として昭和56年になかよし保育園を開園。その後、西大和学園高等学校・中学校、西大和学園カリフォルニア校、白鳳女子短期大学を設立し、平成26年4月に大和大学を開学し、学長に就任。学校法人西大和学園会長。

STAFF
企画／米田建三（公益社団法人 国際経済交流協会）
構成／三次敏之　取材／藤村幸代　撮影／眞野敦
装丁／永井亜矢子（坂川事務所）
カバーイラスト／北原明日香
本文デザイン／川名美絵子（主婦の友社）
校正／阿部一恵（阿部編集事務所）
取材協力／毎日新聞、SAPIX
編集担当／加藤文隆（主婦の友社）

田舎《いなか》の無名高校《むめいこうこう》から
東大《とうだい》、京大《きょうだい》にバンバン合格《ごうかく》した話《はなし》

2015年2月20日　第1刷発行

著　者／田野瀬良太郎《たのせりょうたろう》
発行者／荻野善之
発行所／株式会社主婦の友社
〒101-8911
東京都千代田区神田駿河台2-9
電話（編集）03-5280-7537
（販売）03-5280-7551
印刷所／大日本印刷株式会社

 ISBN978-4-07-299973-8